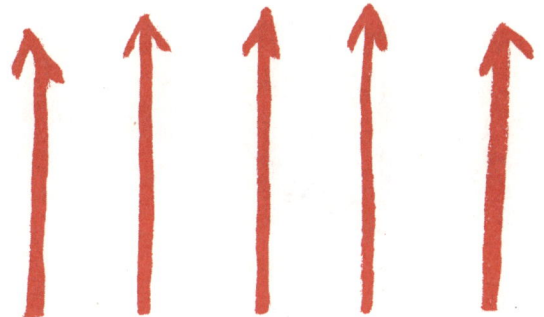

Valère Novarina

DER MENSCH AUSSER SICH

Aus dem Französischen von
Leopold von Verschuer

Friedenauer Presse

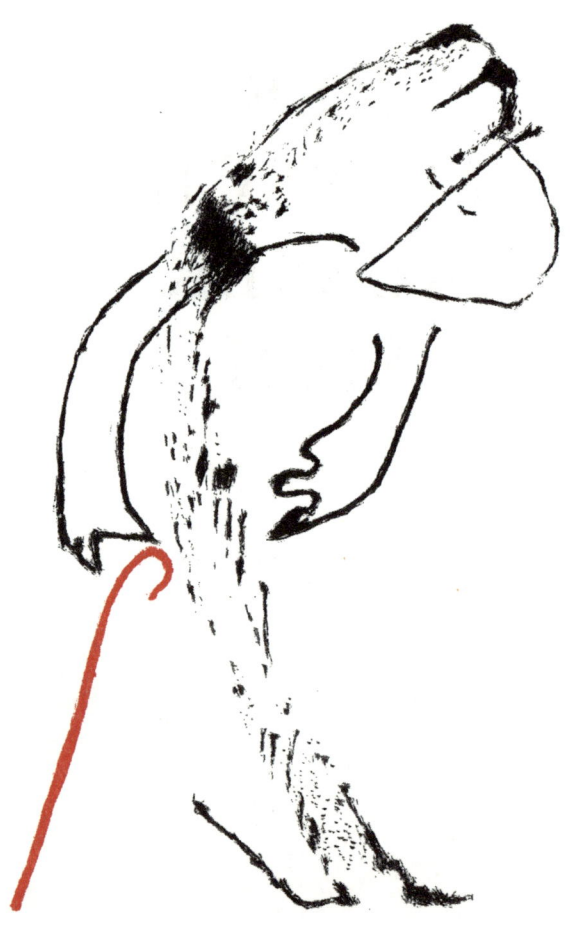

I

DER DRAMENARBEITER.
Gebet für alle Menschen, die da gewesen sind, und Gebet für alle Menschen, die da zu sein vergessen haben: Der Katapultwerfer, Der Hunderfachmann, Der Kraftradraser Sudel, Das Lungenflüglerkind, Der Uterurist, Das Unterhulische Kind, Der Homnianische Mensch, Der Nager Sprachgewandel, Hans Gedärmig, Das Bühnenbeißer-Gegen-Es-Kind, Der Professor Kubenminus, Das Chronophobe Kind, Der Sarxotrop, Didi Skapul, Das Grammatische Kind, Die Regungslosen Manövristen, Das weder Mund- noch Bühnenlose Kind, Der Selbstgesprächler, Das Purimkind, Der Pflüger, Das Öffentlichkeitsausschlusskind, Das Taschenkind, Der Hund Üt, Der Geliebte der Geometrie, Der Phrasierte Tigerer, Madame von Ja-zett, Das Multikarsche Kind, Das Tier mit Trauergrund, Hans Radel, Das Plurimorbide Kind, Der Dodelukker Esser, Die Zurechtfindeleute, Der Estnische Chirurg, Hanshans Der Lotser, Der Hund Amen, Chronodückel, Die Trennerin, Der Buhrufer, Fleisching, Das Endemische Kind, Der Matschemann, Raymund von Materie, Der Nihilmann, Michel Theokton, Sein Ideenloch, Das Zeitliche Tier, Der Tripode Tänzer, Die Frau des Nächstenmörders, Sein Argwöhnischer

Mund, Der Esser zum Großen Nie, Der Große Ausbesserer, Das Venerische Kind, Die Übeltätigen Kinder, Die Frau des Proximogen, Der Erlöserist, Der Anthropopath, Das Petrofische Kind, Theokton, Hans Prototyp, Die Untertagedame, Das Kind des Ultranthropen, Die Sphärenfrau, Die Kinder von Makademo, Die Großen Abstrichigen, Der Autophage Esser, Hans Esserant, Die Lakenwetzer, Madame Büdass, Der Gingolesische Esser, Terzemännlein, Der Eleate Pauser, Das Kind in Kaltfleisch, Das Kind der Leeren Bühne, Der Leandrier, Der Wachsame Leser, Das Kind von Plurineck, Die Inhominierten Frauen, die Onomnische Esserin, Die Dehumanisanden, Die Eine von den Zausestämpflerinnen, Der Gerichtsdiener mit Zweitausend Namen, Das Seinerselbst Entleerte Kind, Der Gute Doktor Eskirol, Der Spießbürger von Fersingen, Die Mehrwimmligen, Die Betreter durch den Leib, Der Mensch von Monotonerei, Die Perfidisten, Der Hund Prokust, Der Politiker Rebus, Philomiter & die Stahlfrau, Die Kinder des Tenors Kapull, Hans Zuchtgehäuse, Die Kinder durchs Loch Eins & Zwei, Der Monoröhre Esser, Das Kind mit Hartem Hirn, Adam der Ergreifer, Der Nager von Kurze, Der Wörtliche Nager, Hans von Üt, Der Lehmmann, Die zum Schlichten Tod Verurteilten, Das Verb mit dem Karren, Der Professor Seratops, Der Allesverschlinger, Der Sehr Tüchtige Mund, Die Buben des Jakulierenbeißers, Der Weiterrunterschlucker, Das Kind im Bühnenmaul, Der

Mensch von Friss, Der Überstürzte Mensch, Hans Pänultig, Hans Postpänultig, Der Schatten seines Vorläufers, Das Sepiakind, Der Weißsagist, Der Junge Mulitor, Die Schattenstimme, Hans Monomat, Die Untererdenfigur, Hans Kalvarius, Der Plurifizierte Mensch, Sein Esser, Die Verzehnfachten Frauen, Johanna von der Leeren Ina, Johannes vom Leeren Ihn, Jeremias Büfflett, Die Spermidischen Kinder, Die Frau mit der Gesichterin, Hanshans Vielzahl, Die Gifterischen Kinder, Der Deleator, Der Verstehler Kläffz, Der Abkürzungenlehrer, Der Rächerei- & Lebelehrer, Der Anagog, Die Verleumdischen Kinder, Frau Durcheinander, Die Seitenkinder, Badadiu & die Kubistenbrüder, Die Sphärische Frau, Der Gegner von Fleisch & Logik, Die Wildschweinin Ülph, Der Monomorphe Mensch, Der Polykarpe Esser, Deleatur, Der Sämliche Esser, Die beiden Einsamkeitslehrer, Das Verlorene Subjekt, Der Hedonistische Blödmann, Die Maßgeblichen Kinder, Die Esser von Gruppe Vier, Der Weltmeister der Leere, Die der Sprache Entsteigenden Kinder, Das dem Grab Entsteigende Kind, Jene der Mündungen von Sysim, Der Falschmückelmann, Das Beendende Kind, Hans Gymnodül, Das Tränerkind, Die Ingenieure Sandulph & Nitrum, Hans im Brot vor dem Tod, Der Antepänultist, Der Kieselwächter, Das Panturge Männchen, Der Reinstverbrecher, Das Logaeder, Der Zweite Messias, Die Mehrbödige Frau, Der Unisier Absolut, Der Mensch von Pantalgie, Der

Jakulare Denker, Das Theoide Kind, Das Kind Loch & Siam, Globoaster, Das Bloßliegende Kind, Der Tiefe Antipodist, Hans Nihil, Der Kleine Hieronymus Kabbalussen, Der Jatazier, Das Plurimoperplexe Kind, Das Polypoperplexe Kind, Hans Kadaver & Janieden, Das Kind des Maximoziden, Theotima, Hanshans von Fälschung, Das am Raum Erkrankte Tier, Riri Pantalusier, Das Gräbige Kind, Der Mensch von Fleischung, Das Anagogische Tier, Der Deleate Einbeißer, Hanshans Acht bei Leibe, Kalophag, Das Kind des Maletudiniers, Das Basileische Kind, Die Werferin Ida Kabrix, Onomager, Das Kind der Leminenz, Der Philosoph des Ein, der Philosoph des Nie, Hans Numerisch, Die Züngliche Stimme, Der Rächereienmensch, Das Tier des Andern, Der Nikanthrop, Der Mensch aus Leerer Materie, Nicktadulph, Seine Ähnlichkeit, Das Kind des Klimbimlers, Das Dreiseitige Kind, Der Amnesist, Melanie & Maximin, Das Karnative Kind, Der Kraftfahrer von Nambrich, Das Dakapokind, Einer der VII Schläfer, Hans Karnisson, Das Tier Doof & Dringlich, Die Amhatusier von Braz, Der Minutenesser, Die Figur von Loch & Echt, Der Wüste Retter, Josiane Sylvester, Hans der Nagerist, Der Arbeiter des Raums, Der Mensch von Außerkopf, Einer der Sarkassischen Esser, Die Monofleischerin von Losch, Die Schmäusikultatorin, Der Professor von Schinki & Schinki, Die Musikerin der Guten Zitrone, Die Vergeberin Viktor, Die Ernährerin von Don, Der Dodekumat, Die Säbler

Schwieger & Üt, Die Person mit Stehloch, Der Professor der Toten Materie, Die Säbler Ürd & Ürzig, Die Persönlerin, Der Lehrer Folgenloser Dinge, Psalmine, Die Leute aus der Ferne, Die Samenfrau, Der Neanthrop, Der Oktodupel, Der Blutmensch, Der Weltmeister im Fasten, Die Uranische Esserin, Hans Leibverschling, Die Knapparbeiter, Hans Dodelukker, Frau von Gelenken, Hans Singular, Das Quantenkind, Die Gefälschten Schläfer, Nikolodulb, Der Taumelmann, Das Kind von Keimigkeit, Die Frau Ohne Schatten & Ihr Säckler, Der Philosoph des Ja, Der Lupexmann, Der Hufschmied Gewiss, Die Stumpfige Frau, Der Enthomist, Herr Ding, Der Konkreteneiniger, Der Spalter an Tieren, Die Chemische Figur, Der Last- & Leichtkraftwagenfahrer, Straglobier Andericht, Der Glückner Nihilo, Zwei der Multiplizierten Kinder, Der Reisende in Veve Lüctü, Hans Chaotisch, Der Schauspieler vor Andern auf der Flucht, Die Venus Hypochonder, Der Urtengänger der Vernunft, Der Weltverschlinger, Hans der Zahlreiche, Die Zweiunddreißig Stadthunde, Der Messingchristus, Die Drei Lebenslängler, Die Spermideen, Das Kind auf Lebenszeit, Die Ülimiker, Die Leute der Vierfachmündungen, Der Provinzler Adam, Der Schlucker von Echt, Das Multirückfalzkind, Der Radler Süx, Das Kind vom Weißverbrechen, Die Frau Gemäß, Der Separist, Die Frau des Melanthoziden, Der Zickzackflechter, Das Katapultische Kind, Das Monotabulare Kind, Der

Mann von Bataillon Acht, Der Hund Copelia, Sein Schatten am Boden, Der Mensch von Monodie, Die Kinder durch die Schweinigung, Isaak der Einsiedler, Die Leute der Sieghaften Mündungen, Das Vorbräutige Kind, Die Eloquenz, Der Tänzer James Smylie, Die Großvertreter von Loch Acht, Der Feuerwirf, Der Mikrophor, Vivaride, Alle Großen Mündifiziere, Die Professoren von Schatten & Schärf, Bibiane Quiek, Der Vergießer des Bluts von Tieren, Der Lebewirf, Der Erstreckte Schüler Bockett, Der Verneineraffe, Das Ablative Kind, Die Gruppe Weiß, Sutting die Sutte, Der Allesloslasser, Das Merkandilische Kind, Hans Bissig, Der Professor Komm das ist der Tod, Die Doktoresse Lodori, Der Mensch mit dem Anthropometer, Die Plurilineare Person, Der Tristanthrop, Die Leute durch die Schweinigung, Der Anthropothal, Der Maler mit der Abgehackten Hand, Hans Karichrom, Das Kind Ürmiam, Hans Sequenz, Die Figur im Ja-sack, Der Mensch von Multischweina, Der Jaster, Der Mund Leider, Der Arbeiter von Allem, Strabund, Das Kind Mesütterling, Der Blinde Hund, Der Freudeträger, Der Steinleidner, Der Analoge Esser, Der Makellose Avalier, Der Professor Kaltsicht, Die Zukünftler des Bodens, Hans Polymorph, Der Esserer Olam, Der Kausalitätsdoktor, Der Klinische Mensch, Didi von Utisch, Die Schöne Sepharadin, Die Stummhafte Frau, Hans Aufstößig, Der Mensch vom Wickwack, Hans von der Johannei, Der Zwerg Korpus, Der Wahre

Duft der Logik, Hans Er selbst vom Lichte, Herr Geschwampe, Das Komplexe Kind, Der Urwüchsner, Die Potorische Mutter, Die Vulpier, Vefi Mäßel, Hannes Rebus, Die Nachtvisage, Der Viperist, Der Schädliche Schauspieler, Das Kodierte Kind, Hans Figur, Hans der Nagerant, Der Portionsgemäße, Der Verschlinger von Unrecht, Der Zelluloidchauffeur, Der Feminizier, Das Kind von Gestern, Karnevalze, Der Klempner Schluchz, Der Phobische Mensch, Der Scheinbare Figurist, Das Kind von Zwei Toten, Die Lachschallende Frau, Der Subhumane Esser, Sein Schiebemund, Der Kauschüssler, Die Grabesfrau, Der Unterirdische Mann, Der Esser Elfhundertelf, Die Frau mit Möndchen, Der Bürger Dücklo, Das Sarkassische Kind, Der Gefangene Äußerer, Der Effiziente Esser, Das Schnauzenkind, Die Menschlichkeit außer Acht, Die Kriministen mit Zwei Tadellosen Hosen, Die Stimme in der Wüste, Der Jakulier, Der Mensch Gewordenen Fußes, Der Journalist Bollo, Der Simple Veve Lüctü, Der Polyanthrop, Die Brennnessel, Die Drei Aktionsmännlein, Jemand mit einem Messer, Die Frau mit Rauchentwicklung, Hans Allein, Der Arbeitsame Nager, Theandrux, Der Kaumatikor, Der Personist Bum, Der Pluriperplexe Mann, Die Anagogische Frau, Die Mentalen Mündungen, Der Kadaver Sponx & Zephyr, Der Mensch Unter der Erde, Sein Stuhl, Der Esser Olumne, Irma Gramatica, Hans-Siebenzig, Der Mensch des Zoomorphs, Die Eine der beiden Frauen des Anscheins, Der Musiker Radl & Wort, Hans Danach, Der Letzte von den Sprechenden, Die Frau mit Abkühlung, Der Gatte der Sandwichfrau, Der Persönliche Mückner Obardo, Der Pantalgische Mensch, Die Nachgeborene Doktorin, Die Kinder vollen Mundes, Hanshans von Monohmothonie, Der Wartelehrer, Das Kind mit Alarmierendem Loch, Variatur, Der Minutiöser Schielpill, Der Nutzlöser Robert, Der Vorletzte Mensch, Das Kind in Freiem Fall, Die Frau mit Olykopandülphen, Der Eine der Gefallenen, Der Hund von Bataillon Acht, Der Schilddrüsendenker, Die Ein- und Etlichen Verliebten, Das Monotubische Kind, Hans Der Hässlich Klingt, Das Leichnamige Kind, Der Menschenseitig Unerlangte Mensch, Die Arbeiter des Jabus, Das Skelett des Populasten, Der Wellende Mensch, Hans Lovipar, Der Nominar, Das Gewundene Kind, Die Ynverbotenen Verliebten, Der Offene Mund von Opferthönner, Die Verbotenen Verliebten, Die Amphysiker Schön, Der Esser der Fülle, Die Substantive Frau, Hans Immer seine Planke Tragend, Der Fast Leere Mensch, Das Kind mit Stehloch, Sankt Johannes Doppelmundig, Der Pseudo-Pynon, Der Trinker der Leere, Die Rachefrau, Der Inbesitzmann, Pilunz, Die Verdickungsleute, Hans Weißklinger, Einer der Panazirkalduzäer, Die Frau mit den Anaghantropen, Mithra, Frau Albertine, Vitruv, Der Potharschlucker, Die Handlungslosen, Der Abgesehene Mensch, Der Kleine Kantü, Lustibert der Sperrige, Hans Skapuder, Die Menschverfehler, Die Frau Gemäß Veve Wieso, Die Velkische Frau, Das Kind mit Mencheninnerem, Die Leute von Ur, Der Rändelhaftige, Das Kind des Geschreis, Das Kind mit Blauem Hirn, Der Monograph, Der Unterschlägler, Die Paralleloperplexe Frau, Der Tiefe Kulminator, Der Verbrechenslehrer, Der Melder mit der Axt, Der Verdiente Patient, Der Zweimündernzuhörer, Der Vorhäutler Segment, Der Mensch von Ja-kurz, Der Sursumduktor, Der Hund von Profil, Der Mensch von Matagrobius, Die Erleberleute, Der Esser 123, Sein Knübel, Der Langstreckentote, Das Phantom Ypsolein, Delia, Ihre Motorische Mutter, Der Halbgeschlossene Knäppedringler, Die Pulpuläre Figur, Das Dringliche Kind, Seine Peripulpulärin, Der Fatale Block, Die Person Z, Das Monophysite Kind, Der Mutapopuläre Figurist, Der Missbraucher von Kassel, Die Fehlende Figur, Die Initiale Dame, Die Verische, Die Figur aus Atmenden Steinen, Die Angrenzende Frau, Das Kind vor Niemand, Die Binäre Frau, Der Ubiquistische Soldat, Hans Katadulf, Sein Prophischer Hund, Frachtler Cheops, Sein Angesicht, Der Gemurmelesser, Das Uranotrope Kind, Der Numerische Engel, Der Klimpner Flega, Der Zeitweise Oger, Der Erlöser Tibi, Die Maschinatorische Frau, Der Trinäre Mann & Seine Aktivenfrau, Der Affenartige Affe, Der Löwner Andrüpel, Der Andripode Übergänger, Herr & Frau Volt, Die Amnesiker, Fräulein Negatrice, Das Phrygische

Kind, Die Geleugnete Äffin, Das Kind mit Härtekragen, Polymnist, Der durch Logik Vollendete Mensch, Die Amnesier, Der Klodülige Mensch, Sein Diener, Hans Philoskop, Hans Klappahülf & sein Gefräßler, Der Missgebrauchte Zauberer, Der Nieharmonikör Jakordel, Die Aufzählerin, Die Liquidatoren, Das Aufzählende Kind, Die Unterworfenen, Der Liturgist, Der Mensch mit Menschlicher Ausersehung, Das Mörderische Kind, Gyniander, Die Anamnesier, Das Wesen in Hohl, Die Mutter Negatrice, Der Mensch der Anthroposzene, Der Algebrische Tänzer, Veneran, Der Silenziar, Der Hund Zahnverschleiß, Die Leute vom Knapp, Der Negationentänzer, Die Promptschlucker, Der Delogiker, Das Scheitelbeinkind, Das Singulöse Angesicht, Der Ultranthrop, Madam Zickzack, Die Benützerin, Der Kleine Dubi, Die Illogikerin, Theoktose, Der Opferator, Einer der Zirkalduziere, Die Karrenleute, Der Fortpflanzer der Welt durch Sichselbst, Das Mund- & Bühnenlose Kind, Die Kinder mit Tascheninnerei, Der Illogiker, Hans Höhle, Der Selbstgefräßige Passant, Der Büffeleischlucker, Der Zuletzte Grüßer, Der Konsumist von Leberei, Die Polykarne Geherin, Der Ahörner, Der Rändische Philosoph, Rostrodulla, Der Mensch von Außertief, Der Abflauter, Hans Der Seilt, Der Anthropoklast, Hans von Ypern, Das Gyrovage Kind, Das Holzmännchen, Der Mensch von Villertox, Der noch am Lebende Gießer, Das Septuelle Kind, Das Polyneare Kind, Der Arbeiter vom Knapp, Der Kleine Hellsichtling, Hans Simulakrum, Der Ystriot, Die Bodenformer, Die Frau des Plurimoperplexen, Der Gymnophysiker, Ludwig von Parlamus, Der Nie Mehr Runterschlucker, Der Gymnospirale Mensch, Der Schauspieler von Jedem Leben, Das Tier Mit Starrer Borste, Der Tod auf Lebenszeit, Der Zweiförmige Sohn, Die Terebralen Nachbarn, Der Fehlerlose Tote, Der Außerlebhafte, Die Distributivfrau, Der Phänomenör, Hans Scheuerlappung, Die Kinder auf Eins & auf Zwei, Die Leute von Getaner Sache, Die Passanten & die Außerpassanten, Die Verwender von Signalhörnern, Hans der Kreisrunde, Der Unvermutete Chirurg, Hans Chronophob, Das Niet- & Ungeschehene Kind, Der Pater Schmutzfink, Das Schwachsinnskind, Herr Sic, Die Esserin Prompt, Der Omnianisch, Der Areopagist, Der Psychozoar, Die Aufschwätzerin, Der Parallelobipede, Das Leninoide Kind, Der Haubitz Schober, Die Allesfresserantin, Der Jakuläre Beißer, Die Fürst Spengler Sensitistin, Die Verschlinger, Der Monomorfixe Mensch, Der General Schmalhans, Der Finstre Effektist, Der Lumnipode, Der Mann der Nutzhaut, Der Anthropopithomonotonnertheodoranthrop, Die Huminiazea, Der Omnidierte, Der Anthropopodüle, Die Großen Omniriker, Der Tiefe Antipodist, Andrer & Andrer, der Ovoide Professor, Der Mann von Fleischung, Hans Komnene, Hans Polypod, Der Mund Der Langes Leben Schenkt, Hans Scheuerlo, Hans Polyglaut, Der Mund mit Lebhaftem Gesicht, Der Mann in der Stummen Totenrolle, Andersau, Hans Protoskop, Hans Theochrom, Der Mensch aus Roherde, Sein Alter Ego, Die Alteregos, Das Röhrische Kind, Der Mensch des Lebens, Der Salvaridier Umno, Der Androgynokolodulph, Der Hund In den Allermeisten Fällen, Der Konische Versetzler, Ykonomulz, Die Leute der Systemmündungen, Der Knallharte Nachäffer, Peter Dachluk, Das Unkenntliche Kind, Der Moniander, Die Vitruve Esserin, Der Latschner Urs & Schmachten, Die Simple Veve Lüctü, Leognom, Die Spongisten, Der Eingangsmensch, Der Paraklete Sohn, Der Verputzer Büdass, Der Verdunklerer, Die Planöre, Die Winkelzügler, Die Nebenelegiker, Die Gepferchte Frau, die Entnervten von Bad Vilbel, Der Mensch Gewarnt dass er der Mensch ist, Der Parallelobipede, Der Monianthrop, Das Anthroposzenische Kind, Der Velibrist, Der Überstürzte Tänzer, Der Sich für den Menschen Haltende Mensch, Das Spermatische Kind, Der Kleine Marmitubelech, Hans Chthonisch, Der Pseudanthrop, Das Kubische Kindel, Das Gymnospirale Kind, Das Speckind, Die Phileminin, Das Autarke Kind, Der Schüttelkandidat, Der Mensch von Außerkoraschickolois, Der Professor Grab & Grab, Das Logologische Fräulein, Die Kinder Block & Alpha, Das Tubuleske Kind, Die Gebrüder Selbenlochs, Die Entstrichligen Menschen, Die Ungenannten Menschen, Der im Profil Bewirkte Hund, Sein

Phänomen, Seine Monoparentale Mutter, Die Töchter der Singularin von Ander, Der Mensch des Maschinals, Die Kinder des Entraums, Das Trinom, Das Tridupel, Das Trinominal, Sein Unbekanntes Gesicht, Der Mensch Gewarnt der Mensch zu sein, Der Besucher Breitling, Der durch Sichselbst Vollendete Mensch, Die Konkrete Frau, Der Plurianthrop, Der Famose Nullomane, Der Marschall Odensack, Der Billybindebibber, Der Billibibberiverbist, Die Nephritardivistin, Hans Einzelpassant, Der Rechenengel, Die Frau des Monogyrr, Das Sporische Kind, Der Professor Schändeklang, Der Emphatusar Büppich, Hanswerner von Brüll, Der Selbstnager, Das Lochkind von Siam, Das Sapulische Kind, Der Hund Veto, Polymürnulph, Antynor von Balzis, Sevester vom Brünn, Der Omnianische Mensch, Die Hautige Frau, Der Reglose Tänzer, Das Gegensubjekt, Der Befreier, Der Sachentäuscher, Hans von Lehm und sein Massives Ich, Hans Niederkünftig, Das ein Brett Tragende Wort, Hans Sarxophor, Paul von Sinopel, Die Stimme Fleischigs, Zores Mensch, Der Allwisser, Lappung, Der Bolegro, Der Jäger Nordost, Hans Sinupel, Die Monokorde Mutter, Das Teuflische Kind, Die Frau des Molybdens, Die Scheitelbeinkinder, Der Venerische Mann, Hans Kreisrund, Der Trennmörder, Die Monozide Mutter, Hanshans von Fleischwerdung, Der Mensch in Grellem Licht, Theophag, Hanshans Kalender, Die Zuvorkömmlinge, Der Posthomnianiker,

Der Gesetzliche Gesetzgeber, Der Junge Sinulph, Der Uniforme Mensch, Die Entmenschlichen, Der Entmenschner, Homo Onomaticus, Die Anderen, Ein Mehrerer, Aphoristobulus, Der Alte Deleatur, Chronodulph Schalmeis, Töpfner Jonglü, Die Nomokraten, Der Ambybibliologist, Der Yterurier, die Psalmisten der Erdenmahlzeit, Der Verschwindende Tänzer, Das Allein gegen Alle Bodenbeißerkind, Siebentlich, Der Mensch von Außerdas, der Desäquilibrist, Der Illogiker, Der Lebende wider Willen, Der Sänger in Seenot, Der Erdemann, Der Mensch außer Sich.

DER MENSCH AUSSER SICH.
Ich lebte aus Rache an meinem Dasein.
Ich spreche, um zu schweigen.

Ich wollte, mein Denken diente mir hier dazu, meine geistige Unfähigkeit zu bezeugen.
Ich habe das Fenster statt einer *Durchgehtür* geöffnet *zum Handeln*. Mein Kopf sah auf ein Feld von nicht-so-viel, wo ich bisweilen meine Augen *acht Stunden am Stück auf Dauer* die Landschaft in Tränen anstelle der Augen betrachten sah.

Ich sah den ganzen Tag lang *fix* die Stacheldrähte rosten und die Brennnesseln blühen, die Natur ihr grauenhaftes Gemurmel ausstoßen. Das Leben geht weiter, die Tiere verschimmeln, die Blautannen bilden Kreuze aus Nichts auf den Himmeln; die Wolken ziehen ihre Schleifen; vor lauter Wasser-aus-der-Spüle-Fegen, dann mich unablässig-an-den-Posenwaschen, packte mich bisweilen die Lust, mich selbst vor lauter Fegen wegzufegen. Ich hätte mich als Besen selber fressen wollen bis zum Staub.

Die Tatensachen, wir behalten sie klammheimlich im Gehirn: mit den *Steinen unsrer Absichten* wie einem draufgelegten *Deckel von ganz und gar gesagten Sachen*.

Man sieht durchs Fenster: drei Pflöcke, zwei Linien Stacheldraht, einen großen Busch *Brennnesselbäume*, Holunderstiele, Klette, Angelika, 'ne kleine Eberesche.

Der Winter kam zurück, um mich aus meiner Alpentumbheit rauszuholen, und hielt mich davon ab, den ganzen Tag lang wieder Hocke-Krocket, Gefangenen-Hut und Winter-kommt-wieder-Sommer, Hans-Bernhard, Sonnschirm, Fang-den-Lampion, Oicherle, Raus-dein-Titti, Kalibük-Kalibük zu spielen ... und ganze Wochen lang die gesegnete Gesamtheit aller Sachen zu betrachten, die Gott um mich angeordnet hatte: *eins*, diesen Tisch, *zwei*, diese Wand, *drei*, mein Zimmer, *vier*, das aus dem Dach ragende Haus, *fünf*, die Erde unter Füßen, *sechs*, Himmel, *sieben*, Mond, um über mich zu wachen, *acht*, Sonne, um mich zu erleuchten, *neun*, das Ganze achtweise gemischt mit

Nebeln und Stellarien, *zehn*, das Mysterium des Raumes da, *elf*, die Zeit *Eins* ... Und nun: Führen Sie uns den Aktionstanz des Störrischen Soldaten auf!

Chaotisches Lied.

»Die Primel wird schon welk
Die Nachtigall muss hocken
Im Bach, ach ist der trocken
Alles – zerfällt
Zu Brocken!

Die Schilder weit und breit
Tra-agen: »Hier Ruht«
Die Vogelgerippe
Qua-aken vor Wut:
Verfaulte Frühlingszeit!

Die Schafe und Schweine und Kälber
Zur Feier,
Die Hühner und Enten, geschlachtet am Weiher,
Die Schafe und Schweine und Kälber und
Eier, li-ie-gen gekettet
In Reihe, geschlachtet zur Feier:
Am Fli-ießband.

Der Wellensittich krepiert
Im Käfig voller Rost

Und der lustige Bauer
Der wackere Landmann
Hat sich stranguliert.

Großvaters Skelett: ist blutverschmiert.
Ich poch an seinen Sarg,
Zu i-ihm hab ich's nicht weit.
In den Fleischerei'n, in den Molkerei'n –
Sing ich ganz allein:
Verfaulte Frühlingszeit!«

Der Dramenarbeiter beobachtet ihn.

Tags nach dieser großen *Pleite*, in meinem Nichts eines *gegen seinen Willen als eigener Feind* geborenen Kindes sah ich plötzlich, dass ich zum am weitesten von allen von Gott entfernten Menschen wurde, sowohl in äußerer Hinsicht als auch der meines persönlichen Aspekts ... ich hatte jeden Morgen nichts in meinem Spiegel *als meine drei Visagen* mittendrin im Abbild meiner Fratze. Ich sah nirgends Licht, sogar am Grunde meines Staubes nicht, wenn ich uns beaugenscheinigte ...
Aus den Alpen kommend, bei Station sechs, bei Markstein siebenundzwanzig, Kanister drei, Haltestelle Pablo-Neruda, kurzum schlagartig, hab ich zu den Leuten im Abteil geschrien: »Leute vom Abteil! Entfernt euch auf der Stelle aus meiner Begleitung, Kinder des Lichts der Menschen!« Und sie erwiderten mir

zerstreute Blicke zuwerfend ... Und sie rollten hin – anstatt in aller Ruhe am Boden fortzubeinen!
Roda, Vitra, Pirna, Iba, Leuna, Tauscha, Gotha, Bleia, Ahlen! wie viele Sekunden hab ich allenthalben diese Orte millionenfach durchschritten? Neulich sah ich, als ich sie im Zug entlangfuhr, die bescheuerteste Reihe Siedlungen hienieden und habe prompt eine Sekunde lang erbittert im Waggon dafür gebetet, dass die Gebäude fortan mit dem Dach nach unten direkt am Boden aufgepflanzt zu stehen kommen und die Fundamente ganz oben an der Spitze! Gott, so schrie ich, wenn du bist, stell diese grauenhaften Städte kopfunter! Er tat es unverzüglich, doch sah man nichts, der Zug, er sauste hin, ohne gar nichts wahrzunehmen. Fast hätte ich die Notbremse gezogen und ausgestiegen alles verlassen. Hab dem Schaffner, als er durchkommt, wieder abzwickt, nichts erklären können als von einer kläglichen Entschuldigung gehispelt: »Sagen Sie, Doktor ... – Bin kein Doktor, bin der Schaffner ... – Sagen Sie, die Toten ... – Niemand ist tot, alle sind aus Holz ... – Sagen Sie, Oktör! wenn man sich im Leib geirrt hat ... – Schaffner, sagt er ... – Sagen Sie, Doktör, wird's ein Leben geben vor dem Tod für Gebürtige aus Litra, Netra, Segnitz, Gelsenkirchen? ...« Die Fortsetzung ist unschwer zu erraten und bewies mir, dass es alles andre als der geeignete Moment war, ihm so was zu sagen. Er flüchtete, wobei er meine Schultern zuckte, und all mein Folgen-

des hab ich in seinem Inneren gebrütet. Ich sagte: – Leute! schaut weiter alle Dinge vor euch schweigend an! Schienen, ruhet forthin auf den Rädern! Sieg den Weltmeistern von Dingen! Ruhm den Unfähigkeiten! Da habe ich begriffen, dass der Tod der Fehler meines Lebens war – und in den Augen dieser Leute hier, und vor diesen Leuten, wo ich hin und wieder Leichnam war, hab ich zu meinem Leichnam hingesagt: »Dominik, kommen Sie und schmeißen Daniel, Kristin, Micha, Arpad und Johannes weg: Jetzt sind Sie es, die die hiesige Leiche sind!«

Weggehen werde ich von meiner Leiche zur angesagten Zeit.
Denn wir sehen Gottes Licht nur dank des Staubs der Weltendinge, wenn sie auf uns zukommen.
Warum eher dies als jenes? Und wieso sind jetzt diese Leute tot? ...
Ich ging sodann mit meinem Kopf ganz in Asche, und meine Aschen warf ich den Tieren an den Kopf, auf Publikums, in Leffers-Parkhäuser, in Freizeiteinkaufszentren, in Verbrauchermärkte von Berenbostel-Platen, von Garbsen, ich ging meine Aschereste auf Autobahnzubringer von Ü hinschmeißen und sie verstreuen in gesäumten Bundesstraßen, in Y's, in B-Stadt, in A-Stadt, in Parthenow, in Wewelsfleth-bei-Itzehoe. Dann beschloss ich, endlich taufen zu gehen bei den Menschen und ihnen zu verkünden, dass ih-

nen eines Tages Mauern drauffallen würden, und sie *Könige von Taubheit* zu nennen! – denn niemand hörte auf das Lied der Steine, das ich ihnen hinwarf damals. Darauf sah ich die Menschenkörper lebend dort herauskommen, wo sie hingefallen waren, raus aus den Zebrastreifen, in weißen Kliniken, und gedrängt in Fetzen unter Autos, die hinterdrein fahren, in Erde, in Wasser und in Luft sah ich die Toten auferstehen, in echt und ausgeblichenen Gebeinen, die sich überall lebendig zeigen, die aus den Löchern steigen ... Stimme sprach: »Du bist Johannes, ohne dass auch nur die geringste Auferstehung aus dir kommen könnte, du wartest.« Und er machte einen Kreis ... Ich trat heraus und tat gut daran. Da fragte er das Folgekind *befragungshalber*: »Drückt euch mit ungesprochenen Ideen aus – *informationshalber* – und tanzt uns die Liste der durch Wörter ungestellten Fragen vor.«

Darauf sagte er zu seiner Frau, gebeinehalber: »Sie sind nur der Spielball des Windes!« Derselbe Wirbelsturm wiederholte mir spornstreichs: »Macht euch unverzüglich dran, noch mal zu tun, als seiet ihr von Menschenskind! geht und sagt den Dingen, dass sie nur Erscheinungen in Dingen sind, die vorübergehen!« Da *sprach Stimme*: »Eure Augen sind ein Nichts, das sieht ...«

Ich war Stoppnagler: mein Leben bestand darin, zu *nägeln*. Stopps zu installieren an Straßenübergängen, dass unsere Fußgänger hinüberkönnen ... Tätigkeit, die flott vonstattenging ... Dann zeigte sich die Zeit mir und nahm vor mir Reißaus ... Dann fiel mir auf, dass ich es war, der hier war: ich nagelte nur Stopps, Stopp auf Stopp, ließ Kraftfahrlieferwagen durch, die Abfalllaster lieferten, all so was, morgens früh, nach Roda, nach Acht, nach Aktion-Platen, nach Regnitz-Itzoe. Sie bäumten sich mit heulendem Motor, so laut, dass, wären sie noch da, ich sie noch hören könnte! ... dann räumten sie auf einmal damit auf, mit dem Gebäume aufzuhören ...

Woraufhin man von mir verlangt hat, eine rote Ampel durch ein grüne zu entwechseln, während ich mir selber dieses braun-orangene Kostüm anzog ... doch das grüne Licht ergrünte und alle Autos fuhüüüüren los! und aus war's mit der Sicherheit! Und also war da niemand mehr zum Überqueren hienieden. Dann überfuhr mich die Fortsetzung. Und ich starb *leichlich*, den gänzlich hinreißenden Tag lang.

Ich war demnach überfahren und hier hingefallen für nix, am Standort hier, wo ihr am Ende dieses Kreuz erblickt. Ein Wirtshaus Mördel wurde hier errichtet, dann eine Hurlodini-Kette, dann Mikamax ... Sie hat sich aufgerichtet just zur Stunde unsres Sturzes.
In der Menschheit, in die mich zu begeben man mich hieß, wollte ich mit dem Gerenne aufhören. In der

Unmenschheit, die nichts als Kiesel frisst. Vielleicht auch Brot, besser als tot.

Dann empfahl ich meinem Leib aufs Neue, er möge Hündchen machen, worauf er schwieg. Und dachte fortan in Schwarz-Blau.
Das Leben ist wie ausgestorben. Für die Toten ist es tot. Am Ende werden wir zu Tieren ... Wie kannst du reden, wenn du tot bist, wiederholt-ich-wiederholt-ich zu meiner Leich – wo mein Leib doch vorhanden ist, allein in dieser Bitternis, in der er lebt? ...
Wenn ich dich nicht mehr bewege, wirst du dich zum Leichnam wandeln, wirst öffentlich ins gute Schweigen der Dinge eingehen ...
Sodann, um ihm Leichnam vorzuspielen, brach ich ihn und teilte ihn; dann reute mich mein Leib vor all diesen Mündern, damit sie das Tote mitspielten und den Mund mithielten – oder aus ihm rausschielten!
Ich erwog, mein Leben damit fortzusetzen, in einer kleinen Gastwirtschaft zu küchenhelfern, die fraglich, aber friedlich war: ich hatte nicht mal mehr den Kopf dafür, zu sein, noch sogar 'ne Stimme, die mich im Hunde höhlt, noch sogar genügend Ohren oder Dünkel, mir zu lauschen beim Pinkeln aufs Laub ...
Woraufhin *eine Stimme meine Stimme höhlt* ... noch sogar die Stimme, die meine Stimme höhlt, geschweige meine Leiche, die sich böge ... So vernahm ich meine Stimme, wie von dem, der löge, oder wie eine Person,

die mein Inneres höhlt, oder wie eine Person, die zu höhlen droht und bis zum Tod alles einem Lügenbeutel aus dem Leibe zöge.
Im Inneren von einem Männlein ist ein Männlein!
Zwei Kinder hatte ich bekommen, von denen gegenwärtig eins von beiden noch zugegen ist in Marktredwitz und Weinvertreter. Das andere ist ein gänzlichvollständig aus Schmerz gebautes Wesen ... Und so kam's, dass mein Sohn dasselbe wie ich selber litt, als ich in seinem Alter war. Der dritte war ein vollkommen geschliffenes und urbanes Wesen und uns dreien fremd.
Wenn ich diese feierliche Decke verlassen haben werde, die diese so feierliche Bühne deckelt, sagt allen, ich war hier nur ein Lebender, den ihr bemerkt habt – und ihr werdet zweifellos recht haben ... Hier Bilanz ... Hier meine Lebenskämpfe ... Möchten Sie das nehmen? ... Es sind Dinge fürs Leben ... Partikel vom Vehikel, die ich Ihnen ganz billig abtrete ... Nehmt hin: das ist nich' nix.

Armes Lied.

»Ich drück mir selbst die Pratzen:
Ein schlechter Witz!
Nicht nur die Jahreszeiten kratzen
An mei'm Besitz.

Siehst du diese Ratte
Da unten traben
Rum in ihrer Kasematte
Schließ ihr doch
Den Käfig uff!
Oder komm durchs Loch!
Vom Kabuff!

Ob ein Seil wohl reicht?
Als letzter Kniff
Ein Stückchen Schnur vielleicht?
Und ein Stift.

Ich werde mit dem Zirkel
Die unsichtbare Grenze ziehen
Zwischen *sein* ... und ungeboren
Zwischen *unsein* ... und geboren.«

Der Dramenarbeiter legt ihn auf einen Karren,
platziert eine angezündete Kerze zwischen
seine Hände – und fährt ihn hinaus.

DER MENSCH AUSSER SICH.
So lange diese Kerze gli-immt
Dauert dieses Stück besti-immt!

Abgang.

II

DER MENSCH AUSSER SICH.
Was tun während der Materie? Wo sich verbergen?

Geht ab und kommt wieder.

Mein Leben ist gebaut auf die Ziffer Elf: ich bin geboren an einem elften, wurde an einem elften operiert, meinem Opa ging der Hund verloren an einem elften und man fand mich eines Tages mit einem zweiundzwanziger Messer entzweigeschnitten wieder vor, von den Leuten enttäuscht war ich elfhundertelf Milliarden elfhundertsiebzig und elftausend Millionen von elfhundertzweiundsechzig.

Früh schon sah ich, die Menschheit gelatinisierte sich, obwohl ich damals Gleiches bei denen feststellte, die schon vor Scharfsinn schimmelten! Im Alter von acht, unversehens viel zu klein zu den Veteranen gesteckt, zunehmend *Niete* mitten unter *Guten* – um nicht zu sagen Schlechtestenmeister bei den Mickerlingen, schrittweis rücklings durch rückläufige Resultate, wählte man mich zum Achten von hinten, Schlusslicht der Finten, erneut*letzter* von allen, Faulpelzadler, lebender Reinfall, schulischer Schmu.

Ich war schon rundum acht und bereits ein abgelaufenes Kind; ich war acht Jahre Pickel und hatte schon den Weißkorpuskel, der hing an meiner Weißmatrikel: dann neun Jahre mathematisch im Jahr darauf – und dann jählings siebenundfünfzig und dann jählings achtundsiebzig, wovon sechsundzwanzig Lotterleben, zwei in Mitwirkung, neunzehn in Verneinung, achtzehn Unbegabung, hundertacht im Widerspruch, fünfzehn in Verfälschtheit, ein Viertel Logikklausur, und zwanzig auf zwanzig in Weigerei. Ich entfaltete mich insgeheim, oben zwischen Bäumen hockend, mich von Hoffnung nährend und heimlich darin übend, mich selber bloßzustellen, ehe ich *zum Schlimmsten käme*, indem ich bishin zum Verbum fallen mit in meinen Sturz hineinzog.

Infolge dessen Folge ich, in *fixes Praxispraktikum* versetzt bei Dilaposch & Söhne zur Fertigung eines *Stuhls meinerselbst* mittels eines Stuhls, dann in *neo-mechanische Fabrik* zur Fertigung eines *Stühlestuhls*, um sie anzuweisen, sich statt meiner abzurackern, sehr viel *Geschmack am Volk* fand – und ich fasste *heimlich Plan*, für mich allein ein Einzelvolk zu bilden.

Ich war Erdarbeiter bei Hans Städtisch, Rausschmeißer bei Rohling, Club-Retter in Sommerfrisch, Aufspürer in München-Pasing,
Gerichtsaufspürer bei den Leute-Abdrängern,

Legistallateur in Posten-Schlagbaum,
Patientdoppler bei der NARCIBULAF,
Vereinswärtler bei der CRESIPOF,
Vergangologe bei Dreihundertjahr,
Thanatologe in Punktum-Girlitz,
Schlundiger in Bleischeid,
Trennbeseitigungsdurchluper in Possibily-Plankstadt,
Dienstentlasser von Batterien in Prislich-über-Bütz,
Follongist bei den Omfretten,
Rupfer in Gießhuhn,
Marschmellör bei den Rottweils,
Männageur in Bad Tauschlitz,
Diffraktant von unterer Preisklasse bei den Gliedmaßen,
Globologist im Wingert,
Vollständer am Kap-Schädlich,
Melanthrop in Dings-über-Findel,
Selbstverstopfner in Jussen-Freibeut,
Wunschsauger in Juist-über-Schaben,
Plünderabilist in Sechs-Acht-Vier,
Spenderabilist in Pfotenbrich,
Entnabilist in Pott-Restante,
Tränkilator in Ausschluss-Pin,
Esperant in Brünnle-Skepsis,
Schlacken-Verbucher in Nentershausen,
Kirschen-Versammler in Bosserode,
Praktikar-Multiplikör in Ulfen-Solz,

Dentitär in Ramsborn-Gefilde,
Desinphormoptiker in Nassau-Stadt,
Scharfsichter bei der SFUO,
Statuar in Pfullingen,
Maulhalthrop in Ferkel-Süd,
Äqui-Latera-Leserlisator in Mormjangling-Bornjangling,
Wohlschmack-Agent in den Wiwatschen,
Stabilitäts-Prüfner in Fiaskau-Trübsal,
Multi-Labili-Stabilist in Kanne IV,
Multi-Blabü-Logist in Kanne V,
Untrüb in Rük-am-Kännchen,
Pfuschist in Glücksfell,
Multon in Wirulenz,
Possessionath in Stabilität,
Labilistabilist in Aufbruch-am-Girlitz,
Multinumerabilist in Girlitz-am-Aufbruch,
Phormolologe in Nutrifurt-Dörr,
Grübliater in Meschede-Abfeim,
Selbstgesprächler ein bisschen überall,
Autistiker in Meschede-Wiederloch,
Praktikantenträger in Gifhorn-am-Griffhorn,
Memorassistent in Kirsch-über-Punding,
Protokoll-Respektör in Deglobilys-Augnapf,
Vertrauenswecker in Ränke-Prozessen;
dann Rechtwinkerlehrling in Meusegast,
Bereitschäftler-Soziassionist in Sankt-Franzisko-Kerkverliese, Risikengeometer in Junktum, Nestab-

bauer bei Happeny, Kommerzial bei Borghino;
dann Hoffnungkommerzial, Hoffnungberater, dann
Hoffnungkommerzialberater, dann zum Schluss Hoffnungssarg.

Der Raum verändert sich plötzlich.

Hier war es, dass mich meine Mutter eines miesen Morgens aus der Welt brachte.
Am Abend des Pentakels trug sie mein Fleisch siebzigmal-drei gefaltet im Wein, wobei sie mir verheimlichte, dass ich Gottessohn war; am Tag meiner Vorführung am weißen Loch hob sie mich zu ihren Ohren und zeigte mich *vor aller Augen* flachgelegt und kreisbewegt, wie es *die Metzgerin macht mit dem Metzger, die Bäckerin dem Bäcker, der Sarg mit seiner Sterbeshülle, das Ohr den Augen*, wie es das Loch stets mit dem Geiste tut: wie ständig alle Dinge tun. Davon klebte ich vor Angst! kam blau davon heraus! Und sie unterschrieb mich da mit einem knappen Hieb. Der Doktor Sigurel, kommt Dampf gemacht auf allen Pfoten angerannt, sah in aller Hast die Szene, beäugte, zog raus das Ding und das war ich – soweit mich je ein Mensch gesehen hat! Kaum stolz drauf, über einen Körper zu verfügen, den man sieht, empfand ich insbesondere *große Scham*, nach meinem Tod einen Leib hinterlassen zu müssen, der bleibt! Schon beim Gedanken daran, ihn als sterblichen Überrest zu sehen, schämte ich mich für ihn! Meine Mutter sagte:

»Gib ihn der Erde!« Ich dachte: »Vorausgesetzt, die akzeptiert ihn!« Ich sehnte mich, aus Hoppelholz zu sein, oder Rubifan, elastiziertem Plastik oder aus Metall metalluriert, und nicht aus *Fleisch, das nirgends hingeht.*

»Ödipus' Lied«, gesungen ohne Komplexe:

>»Meiner Mutter ihre Leichenbittermiene
>Bestrich sie abends dick mit Gelatine
>Eines Morgens machte ihr mein Vater Mut:
>'ne Lage drauf – das tut dir gut
>und baut dich auf!
>Neun Monate voll Blut
>Behielt sie mich im Mutterkuchen,
>mein Leben war so fürchterlich,
>Das brachte mich – wie widerlich!
>Dahin es doch mit ihnen zu versuchen.
>Solche Eltern: was 'ne Quälerei:
>Und mich zu machen braucht es zwei.
>
>Meine Mutter, die begatte
>ich mit einer Latte!
>Meinen Vater bring ich um die Ecke,
>diese Zecke!
>Meinen Vetter stopf ich aus: den Nikolaus
>Meine Tante Max verschlucke ich, das is'n Klacks
>Ich zerkau wie nix die sogenannten Blutsverwandten!

Und Kusine Albertiiiiiine: hab ich nackt aufgeknackt.«

Er flieht.
Der Dramenarbeiter bringt einen Tisch.
Er kommt zurück.

Im späten Abendlicht, mit schwarzem Stift, sagte ich: *Ich trinke auf die algebrischen Farben!* – und schwärzte Blätter der Marke *Konquistador* ein, indem ich so schnell wie möglich mit einem Radiergummi Marke *Rotor* alles wegradierte, was ich am Vorabend auf den besagten Bogen Marke *Alpina* geschrieben hatte.
Ich ersetzte plangemäß meine gestrigen Gedanken durch die heute hartnäckige Stille, die ich Euch gerade sage, indem ich so tue, als kämen mir die Buchstaben stumm in Klangspiralen zum Mund heraus ...
Ich gab dem Vokabular die Order, den Umgang mit der Grammatik abzubrechen, ich verbot den Ziffern, sich zu zählen, ich verlangte, dass man alles tue, um der Musik reichlich zu liefern, was sie zum Schweigen braucht! Dem, was in echt ist, gab ich gleichermaßen Namen: der Tisch *hier*, der Apfel *hier*, der Krach *hier*, das Auto *hier*, der Kreis *hier*, die Negative *hier*, das Ja *hier* – und andere Namen, alle vom Falschesten, dessen, was falsch ist: die *Rachsilekte*, das *Hirlisien*, der *Rülschlie*, der *Eliumph*, die *Nitrafte*, der *Fütrül*, der *Jandukkel*, der *Bohrint*, die *Heitlerpe*, das *Urnüllchen*, der *Siktaser* ...

Zwei Schmerzen waren mir aus meinem Bambuinarzenkopf geboren: die Sprache, sie ereilte mich anschließend täglich – und tat mir ziemlich weh in den Aufnahmegefäßen meines Tierkopfs.

Worte einer Flasche, die sich *als Mensch* verkleidet hat: am sechsundzwanzigsten Kloaken des pantogyrischen Jahres, gefolgt vom sechsten Nomo-Vektupel der Chrono-Monogyre, dem Tag der Heiligen Lukkandra und dem Palaberlatschenkipp des Dienerherrn, begann ich einen Brief zu schreiben in *Schergenlettern*: der mir eine schwarze Tür über dem Kopf eröffnete, durch die in weißen Lettern hohl das hie-gesagte Schild geschrieben war: *zum guten Selbstmörderkomfort.*

Weiters habe ich *Nubdulium* gegessen, dann ging ich zu den Leuten und setzte mich; zum Ende derer ich ins stumme Zimmer ging und mich einschloss, wo Gott fortan allein in seiner Anatomie in Frieden herrschte.

Inmitten seiner selbst sprach er zu mir: »In welcher Lebendform wünscht ihr, dass ich euch runterschlinge? Unter welchem Fleischgesicht werdet ihr euch zeigen?« Ich sagte ihm: »Ich sehe hier die Menschen an wie Tiere, die reden und momentan den Mund halten.«

Mein Bruder Serapion – kürzlich noch vor mir zu meinem jüngsten Bruder gewählt – wurde ab dem ersten Blick, den wir beiderseits in Richtung unserer Trennungsschwester warfen, in Hinrichtungshaltung platziert.

Daraufhin packten ihn vier Schmackhaftlingsagenten und gaben mir Zeichen, ihn zu *mindern*: am Wegesende *hörichte* ich rein nichts mehr als das *permanament* auf Rot schaltende Rücklicht hintendran am grünen Lkw! Durch die Luke des *Lukawees* eine Sekundeneun pro Sekunde von der Gegnergruppe abweichend brachte ich einen Mann um, dann fünf, dann sieben, dann drei in einer Einzelperson.

Mein gesamtes Leben von *Angesicht zu Angesicht* bitte ich sie, nun, da sie verstummt ist, für immer zu reden – und ich sage hier zu Gott: »Getrunkne Mutter, ich wittere deinen Schatten, und den Sturm, den du aus mir in deiner Grabstatt machen wirst! Erlöser mit schneidendem Lächeln, ich trinke dich selbst.« Und er, in Form von Winzigkeit, erwiderte: »Trinke nicht dein Leben wie ein Tier: du kannst heilen und sprechen.«

Mein Gott, mach, dass ich hinfort befreit bin von mir selbst, unversehrt von meiner eigenen Existenz und endgültig ferngehalten von meiner Person wie auch allen Worten, die ich ausgesprochen habe!

Abgang.

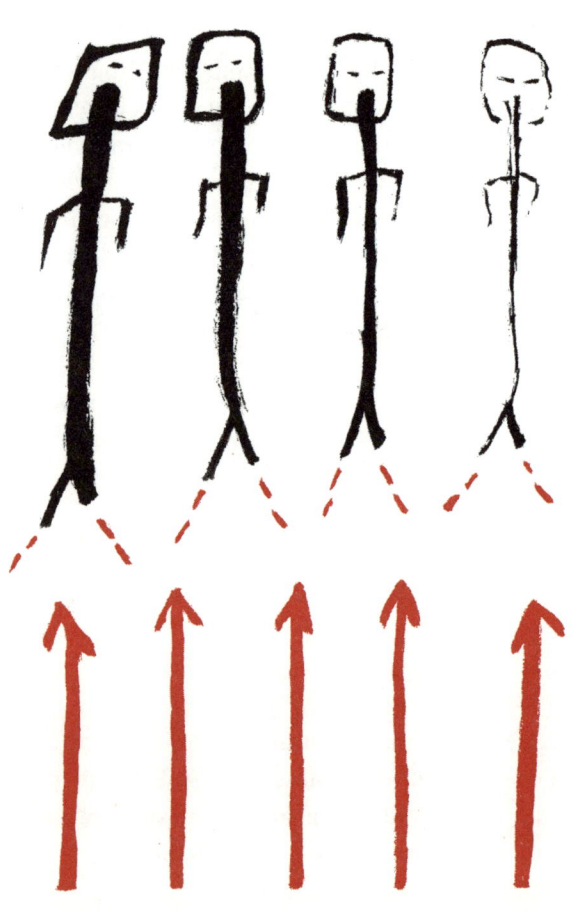

III

Rückkehr.
Wühlzahl von entrollten Nachrichten.

DER MENSCH AUSSER SICH.
»Hören Sie ...«, gab soeben der unselige Sprecher von *Streitlustige Kindheiten* seiner rheinhessischen Kollegin von *Befreien Sie Kurpfalz* bekannt: »Es kommt fortan leider nicht mehr infrage, mit den Balurcheln Hurchel zu schreien!« Vor Ort zur Stelle, Veronika von Ponzel-Tribillio, Marion Gesine, Urbinian Großner.

»Der Generalsekretär von Hominidischer Einflusssphäre setzt uns in Kenntnis, dass die in patriotischer Versammlung tagenden Mecklenburg-Hühner soeben einem Vollstreckungsantrag entsprochen haben, ihr Legerecht über das Zeitlimit von 19 Uhr 22 hinaus verlängern zu dürfen!«

»Sperren-an-Stralsund: ein stark halluzinierender, bei 6 Gramm 3 überraschter Mann wurde vor sich selbst – in symbolischer Anwesenheit – gegen achtzehn Zuwiderhandelnde vom gleichen Schrot eingetauscht.«

»Ein wegen Zoolatrie gesuchter Hund wurde soeben verhaftet, als er im Alleingang den Oberjochpass zu überqueren versuchte.«

»Stiefelgeräusche in der Gemeindepädiathek von Vitritz-Trockau.«

»In Südbaden hat soeben ein achtjähriges Kind nach vollzogener Trennung von sich selbst die erste in der Bundesrepublik anerkannte mono-infantile Familie gegründet.«

»Nichts wesentlich Neues für die Aktionäre der Eichle-Possen Kanalisationen: der Gamlü legt bei der Eröffnung 76 % zu, während der Richter-Index die 3 Punkt 40 auf der Schilde-Gandülph-Skala übersteigt; anderweitig allseits Baisse, einschließlich auf den Eichle-Possen-Avalusia, die Acht Gramm Vier verlieren.«

»Ein Kolloquium über das Verzeihen, ein Seminar über die Schuld, ein Kongress über die Scham sowie ein Symposion über die Vergebung werden in diesem Moment in drei hermetisch abgeriegelten Sälen der Universität Peter-der-Große-und-Paul-Hosenbein in Chemnitz-Oberstein im Taunus abgehalten. Die Debatten wurden soeben hinter verschlossenen Türen ohne jede Anwesenheit unserer örtlichen Korrespondenten beendet – und zwar, ohne diesen Prozess eines *zu Anfangszeiten eingeweihten* Beginns ohne Ende zu billigen noch zu *entwilligen*.«

»Ein Nichtereignis der Stärke 8 ist soeben unversehens in einer ohne ihr Wissen durch mehrere internationale mit Stummheit geschlagene Sprecher verursachten Leere erster Größe nicht vorgefallen.«

»Die Maschine zur Behebung der Funktionsstörung des Wirklichen teilt mit: soeben wurde ein Geburtsloch aufgedeckt mittels zweier Kandidaten für das höchste Amt im Staate.«

»Im Inneren des Lichts herrscht schwarze Nacht«, kündigt unablässig seit heute Morgen der Repetitions-Generalsekretär-des-Kommunikativpools der Gruppe Challenge an.

»Wenn *zwei* weltweit durch die Ränder eines untersagten Lochs eingedrungen sind, haben sie umgehend unter Verschluss sämtlicher Ausstiege durch die Tür seinem Ausgang zuzustreben!«, hämmert seit sechzehn Tagen in seiner Zelle – unter Unschuldsbeteuerungen – der Prophet Guido Gimblond.

»Der stellvertretende Kommissar für die Überwachung des hochostentativen Bürgerobservatoriums zur Mäßigung der Ströme befürwortet, die Einführung (an jedem 8. des Monats, der auf einen Mittwoch fällt) eines Wirklichkeitspakts zwischen Dingen und Wörtern zu tätigen.

Und dies bis zum *Perspektivenverlust*.
Kein einziger der Bittsteller, die Frage losgelöst von ihrer Antwort meistern könnend, selbst als Egalopter oder *Lokabrid*
oder gar Äquitosoph – (beidersprachig beinend) – und *unimorph*-zertifiziert durch Abhilf Oberhand bei humaner Äquilaterabilität
oder seiner hier-*vornigen* durch sichselbst deklarierten Gouverneröse
posttheogen (ja sogar unenterogenisch!)
bei *ostentatorischer* Androhung nicht abzielend
desungeachtet nicht abzielend
als auf den Erhalt der *Beweis- und Teststellung* der Verübungsaktion bei Gouverneranz auf Kündigung ihrerselbst. Sowie den subsekutiven Transbriden – und andrer Zirkularien des sich von allem abseilenden Zyklus. *Wort des Zirkulariats*.«

»Ein Tobsüchtiger wurde soeben durch die grammatikalischen Eingreiftruppen überwältigt, als er, mittels Einbruchs in die unbesetzten Räumlichkeiten der Staatsdruckerei gelangt, die alphabetische Reihenfolge aller Buchstaben zu verkehren versuchte, um der Ordnung der Sprache Gewalt anzutun.«

»Inhumieren wir den Menschen in seinem eigenen Gehirn, denn dort ist er in *humanem Humus*, wo das Herz des Menschen heftig hämmert«, erdolchte sich soeben Noktar Balbulus, scheidender Supracash-Präsident der PERICLARUB, vor und in Gegenwart von Brice-Thomas Taberletti, polypermanenter Informant der Agentur für Lateralkontrolle der Direktorialline zur Observation des Gesamteindrucks (oder FASULT); Maryse von Wilander-Polikossen-Kabediu, Regulierungsprüferin an der Registratur für Gefährdung durch Gefahren; Pauline Dupunzel-Briotinnig, Supervisionarin zur Entaneignung der Sprechbarkeit gesagter Sachen; Simone Warmofner-Chronodüll-Watuschlaz, Entleitungs-Kuratistin bei Depeschierbarkeit der Vor-Ort- Korrespondenten; Hans-Paul Repothimo-Progenatho-Monotamogräbes-Anthiskopp, Mediator seinerselbst; sowie des Generals Morbid, Fehlkostprober in *Kopf-oder-Zahl* und Kommpensatorenstylist bei Sichtlichkeit von Gelegenheit-Verpasst; von Mick Trickdual von Bürregüden, erster Poly-Solidar-Beauftragter bei Ausschlaggebbarkeit der Brezerei in Pufferzonen; und von Hans Aufrieb, bestallter Universalverabscheuling beim Generalbetrachter zur Subevaluierung der Potenziabilitäten vitaler Vorfälle und Hilfsbeschilderer bei den Dingeabsentisten.«

»Die Theaterleitung gibt bekannt: ein wechselseitiges Kommunikationsanleitungsformular wird regelmäßig ab sofort in sechs Exemplaren unter den Sessel jedes sitzenden Zuschauers geschraubt sein.«

Melodie des falschen Abgangs.

Von wem ist noch diese Weise?
»Erlöser hat man ihn genannt ...«

Von wem war gleich dieses Lied?
»Den Tod,
den hat er überrannt
Wie 'ne Blume.«

Und noch so manche weiteren Lieder meines Urgroßvaters am Singen, und meiner Urgroßmutter am Hören, wenn sie ihre Perioden hatte. Und weitere Lieder vom selbigen Lied – und weitere Sermone vom selbigen Dreh – und Monologe von selbiger Tröte, auf Saiten, aus Holz; und weitere Sturzfluten, wo ich mich aufhängte.

»Maladrezza«, tango nozibil;

Unzuträglicher Tango.

»Ich bin Hänschen meine komische Aktion
Brachte lang schon über mich zum Lachen
Und von meinem Vater bin'ch der einzige Sohn
Obwohl wir familiär elf Kinder waren.

Eines Tages nachts hör ich, der Vater wankt
Vom Bett zu mir und sagte Hänschen hott
Hau ab und hole Butter für die Mutter
Die erkrankt ist
In dem winzig kleinen Pott.

Rennend komm ich rein bei meinem Onkel Nikola
Und sag ihm Los beeilen Sie sich sehr
Und setz die Haube auf dein' Kopf
Mit den drei Pickeln da
Und kommen auf 'ne weitre Runde zu uns her.

Als ich zurückkam, war die Mutter wieder forsch
Und alle saßen, waren grad dabei
Und aßen nun die Gans mit einem Dorsch
Zur Beilage dazu
Gereicht als Abendbrei.

Doch nich' bloß mich zu zeigen wie adrett
Schmiss ich die Teller um und Schüssel
Mach 'nen Fettfleck mir auf das Jackett
Auf meine Hosen und die Beinerüssel.

Auch auf die Socken, die mir Opa strickte
Ganz aus Wolle, ehe er dann violett
Der wack're gute Mann erstickte
Vor Migräne zwischen seinen Zähnen ein Kotelett.

Am nächsten Tag,
Da er zu speisen sich anschickte.
Sah er die Mahl.
Zeit war schon abserviert.

Da dachte man
Für ausgiebig Beglückte
Sei nun die Zeit
Hinreichend strapaziert.

So sah ich dann
In Andern meinesgleich Gestrickte.
Wir verehren.
Was gar nicht existiert.«

Da diese Abzählverse allesamt nichts zählten, hielt mich gar nichts davon ab, mich von wiederneuerlichem und einmal mehr ganz ohne Welt wiederzufinden, und meine Kindheiten ringsum verstreut, und jeden Tag noch etwas tiefer in Einsamkeit zu versinken...
– In Einsamkeit hast du was studiert? – Die Schlawinerlebenswissenschaft. – In Dienstbarkeit hast du was studiert? – Die Abkapselungslebensstille.
Da lernt' ich, Wort für Wort, zu tanzen Schritt für Schritt, mich einen Fuß vor'n andern zu entheben: ganz so wie da!...

Ein Telegramm aus seinem Schuh holend.

»O meine treuen beiden Füße! wie oft
Ham' wir die Welt umsonst durchstreift?
O meine beiden treuen Füße,
Ihr ward seit viel zu langem im selben Korb gefangen!«

Kurzer Tanz:

Und nun sind wir hier angekommen *alle vier*, gebrannt, bevor uns gar nichts widerfuhr!
Darauf habe ich beschlossen, mein Leben gänzlich wieder anzufangen durch schwarmweises Erhängen!

Ein klitzekleiner Strick, ist er die Tür zur Welt? Ein klitzekleiner Strick *war* das Weltportal: ein klitzekleiner Strick, aus Zaubermaterial, mit dem ich schon als Kind gesprochen hab zum Reisen, aus gesprochenem Material, aus *Silikron*, aus drei Metern Länge, in einem Sportgeschäft gekauft an einem Hinterjuni ohne Datum.

*Der Dramenarbeiter bringt
ein Autowrack und geht.*

Entschlossen, daraus meinen allerletzten Halt vor dem Meer zu machen, ging ich mir 'ne ruhige Stelle suchen, still gelegen hinter der Tankstelle…

… doch der Tankwart überhäufte mich mit Treuepunkten, und um mir die Gesamtzahl vollzumachen, verkaufte er mir mit Gewalt einen Ford Exkrement, den ich bei der nächsten Tanke wieder losschlug, um mich am selben Individuum zu rächen, das die Flucht ergriffen hatte.

»Warum erhängste dich, du blaues Fratzloch«, schrie der Mond? Mein Stimme schrie: »Hier kreuzlos, Gustav Galgen, sehr tristament erhängt durch mich, in dieser Haltebucht Vachaer Straße, bei der A4, von sechs bis sieben, an der Siebener Straße! werd' ich von mir selbst erhängt werden!« So, sag' ich, sei es knapp – und er tut's.
Darauf geschah's, dass mir das Leben unversehentlich *großen Eindruck* machte: unversehens sah-ich-unversehens-sah-ich-unversehens in der Erhängungsscheune zwei Feldgeräte zu mir sprechen: dort hatte sie der vorige Tankwart abgestellt, der sich hier abends nach der Schicht zum Beten einfand.

Zeigung der Hölzer.

»Wozu erhängst du dich, du blauer Knallhopf?«, sagten mir die Hölzer. »Ich muss mich *hier* erhängen, sieben für allemal: und zwar, um die Menschheit zu erretten. Weil sie's nicht mal mehr verdient!«

Der Dramenarbeiter kommt wieder.

Der Tankwart sagte mir: »Das ist für dich, da, deine Groschen! Hans Nutzer, du bist Hans Letzter!« Und er nahm mir den Ford wieder fort, für nichts; das ging zu weit! »Du bist nicht du, sondern der Mann, der letztes Jahr am Wunsch krepierte, die Welt mit seiner Schwester neu zu machen!« Dem Tankwart sagte ich: »Hans Letzter bin doch ich nicht: Sie halten mich fürs schwarze Menschheitsloch!«
Drauf ging ich mittenrein, wo die Menschheit lebte, und sah da gar nichts mehr.

Ich habe jeden Tag den Tod gelernt, schlagartig, nach und nach, bei den Leuten, Schritt für Schritt. Zu denen sagte ich: »Ruhe, Blaugesichter! O flüchtig ansichtige Löcher!«
So gingen mir die Gedanken ab wie Feuerwerk im Schelm von meinem Kopf.

»Genageltes Lied«, nagendes Lied, Lied mit Nägeln:

>»Ich find nix mehr das mir steht
>Hätten Sie 'nen Sarg der für
>Mich geht?
>Fragte ich
>Den grünen Stropp
>Vom *Bestatter-Shop*

Die Dreifaltigkeit
Liegt im Streit
Und der Kreis
Springt aus dem Gleis
Im Viereck das Quadrat!
Ich lebte nur so grade eben
Zur Wand sing ich: Das Leben
Hat nun den Salat!«

Ich ging zurück zur Tanke: Schild hing da geschrieben: »Gleich zurück: Tankwart aushäusig zum Beten.« Doch der dritte war schon weg, hatte zweifelsohne auch sich kurz zum Beten fortbegeben, als der erste Tankwart wiederkam, mit Namen Franz Dick! – sodass er endlich zu mir sagte: »Ich hab den Tod von klein auf gelernt.«

Ich erwiderte: »Doch doch ich will's!« »Was willst du sagen?« Ich erwiderte: »Will sagen ich will *das*!« Ein großer Baum aus vollem Holz war da, um uns seine Reichweite zu schenken; ich empfahl ihm, vorzutreten, doch tat er nichts dergleichen, eine große Lärche ganz aus Tanne, die uns Angst machte, weil sie die Arme nach uns reckte; der Strick fiel mir zu und ich tötete ihn.

Soeben hatte ich beschlossen, mein ganzes Leben willens damit zu verbringen, nichts zu tun außer zu-sterben-an-mir-selbst-in-Zielrichtung-der-anderen.

»Wir verstehen nicht, warum du dich am Kopf gleich aufhängen wirst; da drüben ist deine Mutter, die dich bespitzelt, mit der Liste all dessen, was man unverzüglich bei den Dodekumaten einkaufen gehen soll; sie möchte, dass du wiederkommst ...« Meine Mutter spionierte mir immer noch nach mit ihrem Geschrei: ihr Kopf war seinerzeit noch nicht völlig stumm, und sie kämpfte gegen mich, um an meiner statt zu leben.
Da oder woanders, ausgeschlossen, Leben aufzugeben, ohne dass sie mich beobachtet! Einmal mehr indes ging in mir das Leben eines Lebenden siegreich draus hervor und ich flüchtete mich in ein Armversteck: Da nahm sie mir den Körper weg, den sie *stranglor* und ich *nackte*.
Jedes Mal wenn ich das Verbrechen sprechen hörte, hörte ich die Liebe sprechen. Ich fand nur Leid im Inneren der Wörter. Jedes Wesen war nicht abgeholt ab dem Moment, wo es hergekommen war, um hier zu warten. Alle Dinge litten gewaltig darunter, da zu sein. So sah ich und begriff, dass der Schmerz gut war: nur der Schmerz der Dinge ist es, der dieses Licht auf uns festhält und der die Materie da sein lässt; sonst ist es ja das Licht, das durch sie durchgehen würde, und alles wäre finster, da es nichts zu beleuchten hätte.

Hienieden ist das so beschieden.

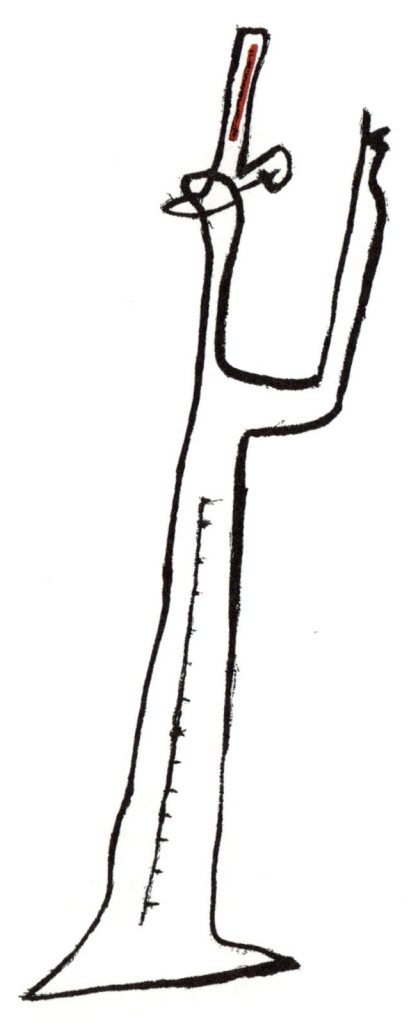

Hier, zur Stunde, verneine ich zu sprechen, und ich verneine, dass ich auf der Erde bin.

Jeden Morgen, angesichts von meinem Angesicht im Spiegel gegenüber, sage ich zu ihm: Sind denn die Uhren dieses Lebens vergeblich eingeschaltet worden? Nichts widerfährt mir, das stattfinden wird, noch vonstattengeht, als durch Mechaniken von Auf und Ab!
Ich bin verunglückt worden.
Morgens sagte Radio: »Selig die Widder! Bullig: die Uhren! Waagen: na wartet. Und Vorsicht, die Löwen! Schützen: Vorsicht vor Löwen. Ein Renner die Wassermänner!« Dann, schlussendlich, sonnestrahlend, beschloss ich, alljährlich mein Michaufhängen zu feiern, das nie stattgefunden hatte.
So ging ich Jahr um Jahr in die Garage beten, an jedem einundzwanzigsten Januar im Jahr, dem Tag meines verwünschten Michaufgehängthabens. Eine Stimme sagte mir jetzt: »Ja, Sie sollten jetzt hier beten!«
Da ging ich in die Garage beten, nicht vorm dreimal zu glorreichen Kreuz, sondern vorm letztentzündlichen Ding, vor Zündholzspitze, vor leerer Schachtel, vor meinen Schnürsenkeln. Durch die Gegenstände betete ich zum Durchgang aller Gegenstände. Durch sie durch, was sie dort hingetan hatte, und alles das, was machte, dass ich auf Erden Durchblick hatte, dass alles unten durch war ...

Zu den anwesenden Gegenständen:

Gegenstände, die ihr darunter leidet, nicht in mir zu sein, da gelassene Wesen, befreite, schon davon befreite Gegenstände, außerhalb von mir zu sein, betet zum Raum, dass er mich trage! Gegenstand, der du hier lebst, weder leb- noch leblos, sprachlos, und der gar kein Zeichen macht, nimm für mich die Angst hinweg, da zu sein, nimm mir die Angst hinweg, ohne dich zu sein, und mache mich mit dir verschwinden in der Einsamkeit! So wird getragen, so wird es sagen die Person ohne Person, unter uns und in uns drin, im Innern und in Folge dieser Dinge ... Dieser Gegenstand war lediglich ein vor Rost schäumender Radiator, an den ich meinen Bruder als Kind gekreuzigt hatte, statt meiner abgestellt zum Leiden.

Herr! der du unsre Herde aus Ägypten führtest und uns achtundzwanzig Wüsten hast durchqueren lassen, lass mich in der vierten nicht im Stich!

Ich lebte nicht mehr mein Leben, sondern lebte gänzlich als Alleinige meine Fortsetzung inmitten; ich lebte einzig angesichts von unsichtbarem Leben, woraus das Leben kommt, und es nicht sehend; ich war nicht mehr der einzige Lebendige von mir, das heißt dem Tod versprochen; ich war nicht mehr am Leben durch mich selbst, ich war nicht mehr am Leben, aber Gott lebte allen Ernstes in mir und es ist allein in seinem Namen, dass ich von nun an atmen werde. Er blase hier jetzt *hier* statt unserer und anstatt dem Ort! Er möge über auf uns hier geblasen werden und durch uns; und er gehe also, und so fort, und wehe bei anderweitigen als uns! Brüder, glaubt an mich, der ich nicht mehr durch mich selber atme, auch wenn man's nicht sieht! Glaubt daran, Athener, Kasseläner, Osnabrücker, Grafenrheinfelder, Aquamortisten, Bergisch-Gladbacher, Ichgeten, Galater, Dionysier, Jacmelaner, Klempnero-Bautzner, Bad-Reichenhaller, Weiteröder, Bismarckianer, Lubarser, Langensalzaer, Glungezer, Malbergweicher, Liliasken, Bodelschwingher, Pratogervisten, Leverkusener, Tilsiter, Königs-Wusterhäuser, Dorotheenstädter, Marzahno-Hellersdörfer, Kuberner, Bullenhorster, Ivrioten!

Leute des Tatsächlichen, hört auf, euch für Agenten der Wirklichkeit zu halten!

Vor drei Tagen ist ein Straßenfeger, der noch vor mir diese Bühne da gefegt hatte, auf dass eines Tages darauf Traumfiguren in Erscheinung träten, oder gar jemand im Blute, weggegangen ... Er ist's! der in die Garage zwei Besenstiele mit Schnüren so zusammengebunden hat, aus denen er sich Hölzer zum Beten bastelte. Ich, ich wollte dies da nicht schon wieder sehen, denn ich wollte Gott im Kreise seines Ruhmes sehen, umgeben von den neunhundertneunundneunzig Arten Engeln: die Hauche, die Mächte, die Stattlichkeiten, die Verehrungen, die Ausgedehnten, die Flatternden, die Brennenden, die Wesenheiten, die Außenheiten ...

Jeden Abend, nach erfüllter Pflicht, trat ich in die Nacht und dachte an das Licht, das ich gut fand, und sagte ihm, es sei. Und einmal finster: »Luder von Leben«, sprach ich zum Grab, »wirst du's wohl sein lassen, mich so tief runterzuholen?«

Dann ging ich, mich zwischen den Gräbern zu leben, zwischen Gräsern, unter Trümmern, *Tuya* machen, und Ade den Steinen sagen, und dem Staub sagen zu gehen und den Ruhenden zu ruhen, damit sie bleiben.

In meinem Denken, *wo wir zurzeit versammelt sind*, kriege ich einen Impuls, der mich schlagartig über euch alle und alle Engel hinwegtragen muss, und in diesem *Wurf* empfange ich einen solchen Reichtum, dass Gott mir nicht mehr genügen kann, selbst dem entsprechend, was er ist, und selbst dem entsprechend, was er wird ... Die Gabe nämlich, die mir von ihm in diesem *Durchbruch* zukommt, ist, dass Gott und ich, wir eins sind. Also bin ich, was ich bin, und *da wo ich bin*, wachse ich weder noch nehme ich ab, denn ich bin da, als eine unverrückbare Ursache und wie das Wort, das jedes Ding bewegt.

Da fragte ich nach meinem Namen, und unversehens wurde mir erwidert: »Dein Name? – Namenlose Freude.«

Da sah ich, dass *ich bin* und dass Gott war; da habe ich gesehen, dass *ich war* und dass Gott sein wird; da hatte ich gesehen, dass *ich gewesen war* und dass Gott *kommen wird*; da werde ich sehen, dass ich *sein werde* und dass Gott kommen sollte; da *sah* ich, was ich *sah* und dass Gott *sieht*; da *sagt'* ich, was ich *sah*: »Komm! Farbe der bunten Anwesenheiten; komm, Brot allen Dursts; komm, Liebe der Verliebten; komm, Orient der Desorientierten; komm, rechtwinkliges Dreieck; komm, Melodie; komm, Meeresöffner; komm, Haselstrauch; komm, Mandarine; komm, Lebelinie; komm verleugnet von den Letzten; komm von allem fahl; komm Befreier; komm Wort außer den Wörtern; komm lebendes Mysterium, komm dämmerloses Licht; komm, Zeichen, dass nur dich bezeichnet! Komm, Gott! Du bist der Gläubige! Komm! komm! komm! komm!«

Wenn ich zu Gott sprechen könnte, würde ich ihn bitten, dass er mich von ihm befreie.

Anstatt mir meinen Galgen zu errichten, kriegte ich es auf die Reihe – und taufte mich aufs Neue; nicht mehr auf meinen Namen: Dominik Pinomen, sondern »Wahre Sicht auf das Licht der Glorie, das Niemand fassen kann in der Wahren Sicht des unbegriffenen

Lichts«. Und so unterschrieb ich fortan all meine Papiere; die Sozialgutscheine, die Wohnsitzhaftungen, die Lebensläufe, die Sterbeurkunden, die Handlungsbescheide und Verlustkundgaben.
Dann, im öffentlichen Parkhaus, warf ich unversehens einen Fußtritt in die am Boden ihm zur Nahrung dagelassenen Gegenstände, und war von dannen! Und ging davon, um aufzugeben, mit meinen Gedanken zu reden, sondern Wörter zu durchdenken auf dem bloßen Blut.«
Wäret ihr nicht da gewesen, um zu hören, was ich gesagt habe, hätte ich's zu diesem Stock gesagt.

Er geht raus.
Eine Weile, weitre Weile und eine halbe Weile.
Der Dramenarbeiter tritt auf.

DER DRAMENARBEITER.
»Schädel unser, der du bist in uns, wie ein Stein inmitten unsres Denkens. Schnauze unser, die du bist in uns, wie ein Loch inmitten des Gesichts. Fleisch unser, das du bist in uns, wie ein Gedanke eines Andern. Auge unser, das du bist in uns, wie die Lampe dieses Leibes. Körper unser, der du bist in uns, wie der Kopf der Glieder. Und du besonders, Fuß unser, der du weise steckst in unsren Schuhen; – Und ihr besonders, all unsre Minuten, die die Stunden läuten,

bleibt! Dasein unser, das du bist in nichts, verbreite dich oberhalb von dort: im Mittelpunkt des Überseits vom Hinterseits, noch weiter, weiter noch als weiter – und jenseits all dessen, das übers Loch hinaus über den Gipfel schoss des Lochs dessen – oberhalb-von-dessen-dieseits-über diesem-dessen-jenseits, über-hinaus-von-diesem-dessen – weiter noch als oberhalb des Diesseits von Allem – und von überall, hier *Üt*! und hier jenseitig vom *Üt*... und jenseitig vom Hinterseits, hier *Üt*!« Gebet ist so verrichtet. Gebet ist so *ratzfatz verrichtet*.

Als mein Vater klein war, hatte er nicht seinesgleichen, um das Selbige zu tun; meine Mutter dito erwiderte ihm in ebensoer Weise, und Ihr ebenso beim kleinsten Niesen. Und so weiter, jeden Tag sein Gestern aufbrauchend, um vergeblich zu versuchen, sich daraus ein Morgen zu erzeugen. Wir gingen sonntags zu den Sachen, sie betrachten und ihnen sachte beizubringen, darauf zu verzichten, das Spielchen mitzuspielen. Schilder sagten uns nur Gutes über alles. Und Friedhöfe begruben uns beizeiten.

Blind angesichts der Gegenwärtigkeit, die schaut, unaufmerksam angesichts der Nacht, die mich hört, sprach ich zu den wortelosen Gegenständen und wandte meinen Rücken den Dingen zu, die sind. Meine Wörter sind – nicht aus Hauch, noch aus Bauch, noch aus Tönen, die man hört, jedoch aus *hön*! ... Ich schleudre ihnen meinen Kopf verkehrtrum hin! Hilfe, Schweigeleute, befreit mich von den Wörtern, über die ich reeeeeeeeeede! Stoff der Welt frisst mir den Kopf: Stoff der Welt ist in Gefaaaaaaaaaaaahr!«

Er geht ab.

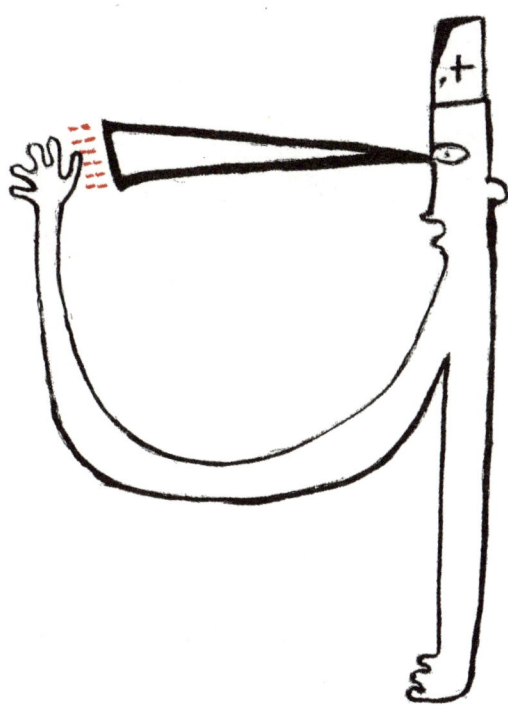

IV

DER DRAMENARBEITER.
Noch mal dasselbe, Doppelauftritt!

> *Der Mensch außer sich tritt*
> *zum achten Mal auf.*

DER MENSCH AUSSER SICH.
Ich muss in die Antiwelt gehen und mit Antipersonen diskutieren und das Antilicht muss auf die Antigegenstände scheinen; ich muss hinein in einen Antimenschen, das ist die einzig stichhaltige Unart, hier herauszufinden. Fortan: gleichwohl: künftig!
Jegliche Person, jegliches Tier, jegliches Wesen, jeglichen Begriff und jedes Wort, das ich denke, drücke ich mit aller Kraft an mich und ich liebe sie wie *Klötze voller Leere*.
Eitelkeit der Eitelkeiten: Gebeine aller Knochen! Denk-billiar-barkeit des Hirns, Buchstäblichung der Grammatik, allenthalben *Alphabet*, allenthalben Nichtsheit!

DER DRAMENARBEITER.
Antiperson, was hast du da in deinen Händen?

DER MENSCH AUSSER SICH.
Einen Gegen-Gegenstand.

DER DRAMENARBEITER.
Antiperson, sag mal im Ernst, was hast du aus deinen Händen gemacht?

DER MENSCH AUSSER SICH.
Ich habe ein *Antiobjekt* nachgemacht und habe es mit aller Kraft auf die Nichtbretter der Gegenbühne geschmissen.
Gar kein Dreieck hat drei Seiten.

DER DRAMENARBEITER.
Gott, wenn du *Gott* bist – zeig dich nicht! ... Nimm alles weg!

DER MENSCH AUSSER SICH.
Was erzählst du da? Was erzählst du uns da?

DER DRAMENARBEITER.
Gott ist die vierte Person Singular.
Es gibt kein Sein. Es ist kein Nichts.
Nichts *ist*: alles ist gegeben.
Du bist nur eine *Opfergabe der menschlichen Figur*.

DER MENSCH AUSSER SICH.
Ja aber ... und *ich*? und *mich*? und mein *ich* von mir?

mich-*ich*? icke-Jöre? Meine Schollis-michi-mummeier-ego-micke? Schnuckel vom mir? Und mein *Ijich*: mein *ich* vom mich? – Und das zu mich? Ijich? Jüjü: Bubi Burligo! Mego mei' Birne? Jibi-jadocht? *sol-la-si-do*! Ürn' ich? schnürpfich? Und meine Anahdentur? mei' Niedenti-tät? Und mein-selb-dritt?
Icke? icke die Fritte?
Und mein Beliebig?

DER DRAMENARBEITER.
Was siehst du?
Was siehst du, wenn du sie betrachtest?

DER MENSCH AUSSER SICH, *zum Publikum.*
Treten auf! und gehen ab! Und stagnieren: acht Passanten, zwölf Klienten, drei Übertreter, elf Patienten, zwanzig Außerpassanten, sechs Subjekte, zwölf Leute, fünf Teilnehmer, dreizehn Stammkunden, eine Durchreisenfrau, zwei Gegensubjekte, drei Privatleute, eine Einzelne, zwei Einzelninnen, ein Fräulein, ein Zwiespälter, ein Fräulung, ein Frischist, ein Undividuum, acht Bittwohner, drei Inkohärentner, ein Plausibler, ein Singulär, ein Schwimmfüßler, ein Post-Mann, eine Post-Frau, sechs Kollateräle, ein Trittwohner, ein Delogiker, zwei Unfigürliche, ein Versammelter, elf gesichthafte Wichte, elf gesichtslose Wichte, ein X-beliebiger gefolgt von seinem Double, eine Individuin: sechs Kinder Seite *eins* und Seite *zwei*, die Leute

unter Dach und Fach, Hominalisten, Pronominaten und Leute von sonst wie.

Der Mensch ist hier in Kreisen eingeräumt in ein Hominidarium: dementsprechend knabbert er *allein* an seinen Bildern.

Der Anthopokrat wartet unablässig darauf, von acht Anthropozoaren des gegnerischen Stalls *unablässig* überholt zu werden.

Der Anthropoklast teilt in seiner Denkart jedes Volk durch zwölf: Anthropophoben, Protanthropen, Anthropopompen, Anteroprotokriten, senkrechte Deuteroprotanthropen, Anthropopandülen von Aktion – und Städtische vom gleichen Schrot.

Jeder Mensch klagt auf die Waage drei Gramm Plage acht *in jeglichem Gedenken*.

Hab schon den ganzen Tag lang nicht entmenscht.

Lasst uns die Menschen ineinander leeren, dass sie ihren Inhalt einbüßen und sprachenlos zur Musik der Dinge ohne ein Warum finden.

»Scheiß auf den Menschen!«

Der Mensch war nicht die einzige Lösung, um aus Tier herauszukommen!

Ich würde gerne nun die lebenslange Regungslosigkeit versuchen und meinen Geist auszuruhen.

DER DRAMENARBEITER.
Gib noch mal dein Stichwort!

DER MENSCH AUSSER SICH.
Ich lebte aus Rache am Dasein.

> *Der Dramenarbeiter reicht ihm ein Röntgenbild,
> das er im Licht eines Scheinwerfers prüft.*

... ich hab's geahnt!

DER DRAMENARBEITER.
Erinnere dich an alle Tage, die *warst* sind!

DER MENSCH AUSSER SICH.
... die *entwarst* sind! ... Liste meiner hingeschiedenen Postealzukunft bei den Abgespielten: dreizehnter Janür; vierzehnter Vektiamber festgelegt 6722; fünfzehnter Betrübli 5333; sechzehnter Mittrill *minus 854*; zehnter Krauch datiert vom letzten Jahr, hüschüss *Läster* sieben-achtzig, *Gyniander* Jahr vierzigunddrei und zweiundzwanzig ... *und köttermüüs, und köttermies!*

DER DRAMENARBEITER.
Verknüpfe alle Verben mit allen Zeiten, solang noch Zeit ist!
Aus welcher Zeit sind wir?
Wie viel Zeiten sind sie?

DER MENSCH AUSSER SICH.
Sechzehnhundert dreizehn-und-elf Zeiten sind unser!
Die ferne Gegenwart, das Futur Inaktiv,
die Vordermöglichkeit, der Inkonditional,
der Verfallsdatal, das latente Futur, der Stagnativ,
der Erfindativ, der Reminiszens, der Noch nicht da,
das Schlimperfekt, die laufende Gegenwart,
das Mehr als Vorbei, der Konjugativ,
das Minder als Präsens, die unvollendete Vergangenheit,
die Schlimmer als Gegenwart, der Geduldskonjunktiv,
die Unwünschenswart, das Schlimmsteritum,
die Hintergangenheit, der Subkonditional,
das Zwangspräsens, das Hypochron, die Missvorigkeit,
das Müdungsfutur, der Prolego-Grübelativ,
der Perhypotal-Hintergrammativ,
der Deblockativ Präsens,
das Plusquampräsens, der Widmativ,
das Kürzlich schon weg, die Nachgegenwart,

die Sichtbarkeit, das mehr als Futur, der Fortbestantiv,
der Pressend, der Glutamino-Durativ, der Lokativ,
der Injunktiv, der Niemals mehr, der Glaubhaftiv,
der optive Optativ, der bewusste Deaktiv,
das Subquamperfekt, sein Projektilperfekt,
das Chrono-Medulotrop, der Chronostrophar,
der Meander, der Tubular, die verendete Zukunft,
das Impräsentabel, der Deuterofutsch,
der Konjugorativ, das Sublunar-Futur,
die kaum Durchzuführwart, der Dubiositiv, der Reduktiv,
der Jähzornist, das Globoramenal, der Gloriborativ,
die Temperachronik, der Vergisslativ, der Multilogal,
der Dekumulativ, das Nutzlosink, die Kompositvergangenheit,
der Epilogal, der Da drüben, der Jakulativ, der Abrüstiv,
das Ubilliär, die Nirgendwart, der Refutschikato,
das Instabil, die Frühvergangenheit, der aus den Augenverlust,
das Futurimi-minipli-Miserabel,
der Fiasko-Perfektiv, der gemäße Deduktiv,
das Frühfuturitum, der Gedulds-Durststillativ,
das Geduldsnativ, das Vergisslich-Futur, die Aufkunft,
der Unbestand, das Moribulinidublal,
der Interuptiv, die scheidende Verwaltenheit,
die Futur-Gewärtigung, die Nichtereignetheit,

das Erlösungsperfektiv, die Zunichtekunft,
ihr Objektiv Präsens, der Grübelativ, der Retardiv,
die Verschwafeltheit, der Unverdross,
das Posteo-Reventuell, der Optional,
das Prolegomenal, das Nicht da, der Funeralspiral,
der Abgangskobolz, der leidende Was-soll's,
das Rückgeleit, der Tschüssativ, das Verbund-Futur,
die posthume Gegenwart,
der Substrativ, das Beharrsam, das Nimmermüdam,
das Seitenfutur, die Mnesie, die Allezeit,
die Fortdauer, der Spät-Konjunktiv, die vorgerückte Zukunft,
die Entwende,
das Ganz-wie's-kommt, der Optimierunktiv,
der Dodekational, das unbestimmte Ruinil,
der Polykon-Ikonomult, der Deperpetrül,
der Fehlende, der allzeitige Permanent,
das Absens, die Retro-Entmöglichenheit,
die verendete Gegenwart, das Entmöglichens,
der Elaborativ, das Jakular, der Wurfverlust,
die Zurückbekunft, der Degratifans, der Verkündigativ,
der Als-Oblatib der Depresspiral,
das Deuteroposthum, das Perichronium,
der Multiplial, die Verschwendete Gegenwart,
der Nausikativ, der Penelopal, das Ruderill,
der Lamentar, der Vorberappelativ, der Ausdrucksal,
der Entschieberist, die Bleiernheit, der Lamentativ,

das Mehr-als-suspekt, das Mühsens, das Chronophagens,
das Pränatal, das Posthumin, der Superlaputativ,
der Ablativ, der Chronomonoabschlaffativ,
das Futschifutur, der Peräquilatif,
das Strukturquantifekt, der Sorgativ,
der Nondezisitional, die Klassik,
die Dutzendweis-Gelegenwart, das restliche Präsens,
das Monochrono-Dorisch, der Hominativ,
das restliche Plaudens,
das Monotono-Chromono-Morisch,
der Chrono-Nonomodal, der Kotzional,
der Bi-Schafoglobal, das Hobelbankerfekt, das Datieritum,
das Bino-Stropho-Monokord,
der Depossessistipular, das Verreist-Rasur,
der Amputativ, der Perpetral, der Hypotal, der Ubitativ,
der Fiktiv, das optative Nonoptens,
die monoptierte Mobzeit, die nonoptierte Hoppzeit!
der Abschlappelativ, die Epidemiologik, die Fortsetzenheit,
der Ontativ, der Subklischiv, die Veraltetheit,
die Von-hier-Verjagt, das Wiederhol-Gestohl, der Lukrativ,
der Verspätativ, der Chronomental,
der Konzesso-Glausular, der Klischiv, die Neomöglichkeit,

der Dall-Chronist, der Trans-Chronophor,
der Abwartist, der Polychrono-Immino-Chrominist,
der Postmortal, der Monokord,
der Futuro-Milli-Diblinal,
das Futurillimo-Diblinecht, die einbrechende Gegenwart,
der Hystero-Globorativ, der Dauerstrapaziv,
das Andauernd-nicht-da, der Moment bevor,
die beendete Ermüdetheit, der Aufschieberitiv, der Einstimmitiv,
der Pförtnerativ, das Hypotemporal, der Sub-Instantitiv,
der Unfortbestand, der Dämpferitiv, der Aufreiberativ,
das Zweijährlichkeits-Strapaziv, der Tranhumnativ,
das Permanentperfekt, der Traumativ, das Dortdrüben-Futur,
die Kränkenwart, die Möglichenheit, die Entmöglichenheit,
die Verbundgangenheit, der Prologal,
das Hyperdeterminens, das Perpetrante Präsens,
die Posthum-Vergangenheit, das Verhärtikum,
der Seltenstart, das Nie-mehr-verreckt,
das Nie-mehr-verdeckt, das Nie-mehr-versteckt,
das Nie-mehr-da-weg, der Kidnaptiv, der Posthumativ,
die Zeittendenz, das latente Präsens,
das latente Perfekt, das Vorab-Futur, das Hier-ruht,

der Prozessionar, der Stipular, der Gedächtnitiv,
der Projektiv, der Da, der Prologoreplikologal,
das Pessimirama, der Protomalgregologiv,
der Schieberitiv, der Sechzehnhundertviertarif,
das Sehr-suspekt, das Absenterritum, der Depresentativ,
der Sechzehnhundertachttarif, das Präzisens,
der Stipulier, der Konzesstibular,
das Prangeritum, die Scheibenheit, der Junktiv, der Passiv,
die Missachtenwart, der Prangeridal, der Protologal,
der Verdruss-am-Defekt, der Spiraliv, das Obskur II,
die Perzepti-piti-tibi-bidileselekti-libidinisierung,
der Fortsetzativ, der fortgesetzte Imverzug, der Hyper-da,
der Zirkulativ, der Vergissmeiniv, die Ankelei,
der Melancholei, das Schleuderfutur,
das Ganz-auf-der-Spur,
der Äquilativ, das Mehr-als-verdeckt, der Denegativ, der Terminolo-Knast, der Umjunktiv, der Listal, der Endetdasmal, die Verwüstenheit, das Stationar, der Beendigativ, der Listeroglobal, der Obachtiv, der Vollendativ, die Finaliste, das Schlussfutur, die verfallene Zukunft, der Endetdasniv, der Hektiv, der Gleichvorbei, der Depossessiv, die verbreitete Gegenwart, die Ereignetheit, die Verwüsterei, der Verschleiß, der Thanatal, der Mehr-als-Verloren.

Die Vergangenheit betrog mich; die Gegenwart hetzt mich; die Zukunft entsetzt mich.
Oh Zeit! beende uns!

Der Bühnenarbeiter streckt sich auf einem Karren aus – von dem er sich alsbald davonmacht.

DER MENSCH AUSSER SICH.
Lied aus einer Hosentasche!

»Im Vivarium,
Im Thanatarium,
Im Schoß.«

Er zieht aus seiner Hosentasche ein weißes Leintuch.

»Ein Toter schippte
Einst sein Grab
Mit raffem Zahn
Von innen leer,
Stieg dann ganz nackt
Hinaus ans Licht
Das Leben grub
Er aus sei'm Sarg!

Ein Toter, der mal selbst aufstand,
Sprach: Wo hab' ich bloß mein Leichen-

>   nachthemd hin verschlampt, *Donnerquark*!
>   Jetz' find' ich Kruzi' doch
>   nich' mehr das Schlüsselloch,
>   von mei'm Sarg!«

> *Glockenläuten.*

»Die klingenden Lieder« des Mikrobiotoradhabers!
»Zu Kastagnett« von Filander: parakustisches Lied!
Läutet! Glocken der Glockenheit! läutet die Glocken dieser Zeit!

> *Glockenläuten.*

>   »Seht meine Zunge,
>   Hängt rot zum Nabel:
>   Hoch lebe Vater Adams Gabel!
>   Reißt auf ihr'n Schnabel
>   Ich sag ihr *Ja-Da*.
>   Sie ragt ins Freie,
>   Spricht *Kalt is' mir heute*,
>   Zieht mich als Los – 'ch bin an der Reihe!
>   Ruf' *Toootengeläute*!«

> *Glockenläuten.*

Ich geb' meine Menschenschürze zurück.

Und jetzt, legen wir uns einfach in den Tod: kopfunter, fußunter.

»Die Klüfte des Leibes«, Lied zum wiedereintauchen.

Liegend auf dem Karren, mit aufgerissenen Augen.

Herr, kann der Lehm zur Hand des Töpfers sagen: *»Ich kenne dich nicht?«* In lebende Erde hast du mich gewoben, im Bauch meiner Mutter wusstest du alles von mir, da ich geformt wurde, insgeheim gestickt ins Dunkel: Herr, als ich nur ein Embryo war, sahen mich deine Augen und du kanntest bereits meinen Namen.

Du siehst all meine Worte, du weißt alles über mich, Herr Publikum!

EINE STIMME.
»Die Erde
Dieser unermessliche Altar
Wo alles, was lebt
Geopfert werden muss, ohne Ende
Ohne Maß, ohne Unterlass
Bis zum Verzehr der Dinge
Bis zum Tod des Todes.«

DER MENSCH AUSSER SICH.
»Der die Lüfte über der Erde und den Wassern aufhing, hängt am Galgen. Der die Sterne am Himmel

befestigte: jetzt hängt er fest! Der Unsichtbare ist erkannt; der Richter ist gerichtet; der Unbegreifliche erfaßt; der Unsterbliche ist tot; der Himmlische beerdigt.
Er ist beerdigt, der die Sterne in den Himmel pflanzte.«

Er haucht sein Leben aus.

DER DRAMENARBEITER, *vor dem Körper.*
Die Bühne, die der Schauspieler betritt, ist mit jedem Mal der vor uns dargebrachte und neue *Tisch des Raums*: eine Leere zum Vollzug des Menschen: lückenhaft, verstreut, zerlegt in Worte, Taten und Gesten, Stürze, Stellungen; er stülpt den menschlichen Leib anders herum; er präsentiert den Menschen mit offener Anatomie und sichtbarer Grammatik: das ganze Menscheninnere vor uns ausgestellt, ausgebreitet, den Himmelsrichtungen geopfert. Jedes Mal, wenn ein Schauspieler auftritt, erscheint *Menschenes* dargebracht und bar jeder menschlichen Andeutung. Der Schauspieler höhlt den Menschen, macht seine Darstellung leer – er ist ein zutiefst *Enthaftender*; der Schauspieler zieht sich aus Menschlichem zurück: die Leere ausübend, ist er ein den vier Dimensionen und den Himmelsrichtungen Geopferter: das Tier der Tragung und der Opfergabe.

EINE STIMME.
»Die Erde
Dieser gewaltige Tisch
Wo alles was sich misst vergeht
Bis zur Vollendung der Zeit
Bis zur Verständigung der Sprachen
Bis zum Tod des Todes.«

Der Tote ersteht wieder auf und singt.

DER MENSCH AUSSER SICH.
»Jeden A'md beim Kandelaber
Oder war's wohl doch beim Neon!
– *Och beim Neon!* –
Trällerte mir meine Mutter
Nicht so helle diesen Schlager:

Meine Mutter nicht so helle
Trichterte mir ganz stupid
Ein dass ich an ihrer Stelle
Trällern solle dieses Lied:
– *Dein Vater der Akrobat*
Am 8en Neandral
Fiel er weiß vom Hauptportal.

Vor der Schande dieser Tat
Hängte er sich mit 'nem Draht.
Und ich sah ihn still und klamm

Während sein Gesichtsoval
Im Dreielternblute schwamm.

Beim Betrachten seiner Schnute
Hörte ich ihn von dem Blute
Sich entleer'n in dickem Strahl.
Mutter goss die Suppe weg
Und sie füllte nur noch Ruhe
Durch die Löcher seiner Schuhe.

Ich fand zurück zu meiner Art
Als ich wieder mich besann
'ch sei doch kein Mensch zu Holz erstarrt
Gleichwohl ein Spitzenhampelmann.

Eines Tags sah ich auf Erden
Meinen Leib nicht fertig werden
– Wie weit geblickt!
Ich dachte gut, s'is' mein Relikt
Das noch mal ganz von vorne ruht.
Durchquere mich, Perspektive
Nimm mich fort: in deine Tiefe
Breite mich ans *andre* Ufer hin
Ob ich dort bin.

Wir sind *auf der Welt*
Aber wir sind nicht *von der Welt*
Materie, Materie

Gib uns unsre Lichteraugen wieder her
Und mach uns sehen in der Finsternis

Ein Toter schippte
Einst und sagt
– Meine Zähne sind betagt!
Betet den Raum an mich zu tragen
Und dass die Türen offen ständen
Auf dass ich nur noch sozusagen
Eins bin mit den Elementen
Eins bin mit den Unterwänden

Schöne Kinder der Verstörung
Erinnert euch an die Kaschemme
Wo wir jung bis zur Betörung
Spielten mit der Hirneklemme

Ich hab' gelebt aus Daseinsrache
Ich fiel acht Mal von der Fassade
Ob Zickzack ich durchs Fenster krache
In meinem Hirn blieb ich schnurgrade

Die Zeit dehnt sich: von hier bis hier!
Der Raum ist, wo er sein soll kaum
Geburt und Tod sind umkehrbar
Der Mensch ist schädlich ganz und gar
– Vorsicht vor dem Andern. –
Individuum: Teile dich

Du Jemand der vorbeigehst: – hast niemanden
mehr drin!
Was verloren ging, wirf hin!
Was du nicht hast, das gib!

Anthropolaster, Anthropowendeln
Entfleucht vor euch, aus allen Pendeln!
Hängt euch auf!

Kreisgewirbel.

Als der Anthropopitheke
Den Pithekanthropen traf
Schrie er laut aus voller Kraft:
Was ist der Mensch?
Doch der Affe gab nicht Antwort.
Ich, ich rede nicht mit Affen,
Hab' kein' Zeit.

Und so kam's, dass ich im Schädel
Über meine Klingen springend
Damit meinen Tag verbrachte
Dass ich mir Passanten schlachte.

Unter Sägemehl verscharrt
Hat man unsre Wesensart
Und will so die alten Flecken
Vom verspritzten Blut bedecken.

Wenn vom weißen Feuerwerk
Das aus unsern Mündern steigt
Man schon bald nichts mehr bemerkt:
Als den Staub, der mit dem Rauch
Raus aus Nachbars Schornstein treibt.
Erster wird, wer Letzter bleibt.

Der sich den Dornenhut aufstülpte
Zur Mittagszeit
Festgema-acht am Pfahl
Und ausgela-ha ha ha ha-hacht
Im Menschenkleid
Setzte sich INRI
Am Freitag auf
Und schrie.

Als er sich den Hals durchschnitt
Röchelnd sprach jetzt sind wir quitt
Fraß man ihm das Kleid vom Rücken
Trank sein Blut aus freien Stücken.
Knobelte mit seinen Knöcheln.

Er nahm mich in seine Hände
Dass er mich als Mensch erfände
Und zur Kugel Le-ehm mich macht.

Durch sein urkomisches Opfer
Hat er selbst uns beigebracht

Lasst zum Schluss die Türen offen
Das lässt Wiederkehr erhoffen.
Und als Christus sich erhob
Aus dem Hemd des Golgatha
Von dem Tod, rief er Hurra
– *Kreiselnd!* –
Mit dem Fuß zertrat er da
Und er sprach *felix culpa*:
Adams Schädel!«

– Tod dem Tod! Tod dem Tod! Tod dem Tod!

Flucht in die Kulisse ::
Durchquerung des Bühnenbilds :: Rückkehr.

DER MENSCH AUSSER SICH.
Herr, erbarme dich!
Herr Publikum, erbarme dich Pinocchios!

Abgang.

DER DRAMENARBEITER.
Gebet für die Menschen, die da gewesen sind. Und Gebet für die Menschen, die da zu sein nicht aufgehört haben. Hagel Hans, Pitak Lutz, Kalender Mimi, Lenglachner Lois, die Pikkoline, Kessel, Leiten Mathilde, Bründl Heimo, Bruchegger Fons, Oberochsen Fise, Marie vom Papageno, Bison Maxl, die Verdrehte, Sepp

Tamandl, Trigoggala, Kreidelos, Drei Schilling sechs Groschen, Gatschentrampel, Kinigl Steff, Wuzi, Franzai der Baumhacka; Lotto Gottl lüftet sein Käppi; Steffa schiebt einen Karren; Traufe zielt; Lois Länglachner zückt seine Börse; Pitak Lutz benötigt ein Seil; Leiten Mathilde schmiert Blunzn; Gonzi drückt einen Korken rein; Hannes vom Tantl tätschelt ein Stutenfohlen; Martineks Bastel verhökert zwei Hühner; Zinn Sepp gießt nach; Schelle zügelt das Pony; Bagdad verwechselt die beiden Reihen; die Scherübl Fränzine wägt einen Waschtrog; Droste Pett Trössel wirft einen weiteren Ring; Bruoch Melone fehlt der Schwung; die Pappikulle durchblättert ein Faltblatt; Adrian Scharli trifft eine Flasche; Renger Michel zählt die Kühe; der Vertreter Moritz verschlingt eine Eierspeise; Luise ihr Phons wird plötzlich gelb; Dodl tilgt; Gust der Tiroler macht sich über einen Selchkäs her; Wewerka brummelt; Zehn-Groschen-Speck hat einen Rückfall; Hansl Fesch rollt einen Faden auf; Pissette springt übers Gatter; Altach Julius versorgt eine Sau; Födel Hannes schlottert; Gorniks Fi braust in seinem Autoscooter; Knauser Fonse pinkelt an die Palisade; Edu Lauser stöbert eine Rarität auf; Johann Tabojer hängt seine Fahne nach dem Wind; Wampen Peppis Fred stützt den Ellbogen auf; Hauptmann Filibert strampelt sich frei; Hansl Januar runzelt die Stirn; Fränzel Dickkopf übertreibt; Anderl der Hufschmied beeilt sich; die Roste hustet ab; Line von Pfongau picknickt mit der Krankenschwester; der Ginauer Adrian wittert ein Geschäft; Geli Girbal zieht die Blicke auf sich; Quadronen Moritz nüchtert sich aus; Gosak Paul faulenzt; Bosna Moritz zwirbelt seinen Schal; Omis Josef meidet seinen Cousin; Hiasls Roger rutscht aus; Pingping Feli beschmutzt seine Kleidung; Klein Korwe bezaubert Pollos Luise; die Karnutsche wendet sich weg; Marki scherzt; Gustls Lilli trippelt; Noldis Sepp kauert sich hin; Tuipn Basil stopft seinen Pulli; Blad Luis schüttelt eine Kanne; Settls Vitus stiert einen Rosstäuscher an; Binke schlenkert; Klein Bemmerl zuzelt seinen Erdbeerlikör; Dax Toni lenkt ab; Flecks Fidschini klaubt Weinbeeren; Velo kommt zurück aus *Glücklich verliebt*; Stutzen duselt einen über den Durst; Nannerl wiederholt sich; Mappi brotzeitet; Kikines Cäsar schnarcht; die Patschenflickerin lässt einen vor; Gantinger Luis errät den Schmäh; der Vater Schmälzer wird blass; Böllis Basil kneift ein Baby; Hänsl der Ältere sieht seine Mutter wieder; Habersatter Zierfandel fängt eine Gelse; die Karoline vom Barmstein hat Umgang; Franzi Schermdax besäuft sich; Liesls Luis fettet die Zischmen ein; Amrei vom Älteren trägt einen Knoblauchzopf; Kranzinger aus Fißlthal fällt wieder hin; Wodnars Rose fastet; Paku denkt nach; Kalos Norbert wäscht sich; Wagenheber Moidl fühlt nix; der kleine Schmiedl sägt; die Bruderlochbrunnen-Omi entgeht um Haaresbreite einem Unfall; Zuzel flüchtet; Stiff fällt ein Lied wieder ein;

Kaulich Edu küsst seine Cousine; Petri seine Fine grübelt; Schornlehner schafft es beim sechsten Mal; Bemmerl Leni leidet unter der Hitze; Ursulinen Hanni bestaunt eine Besteckgarnitur; Sawel Seff feixt; Tauer aus Unterach lacht; Dickerle singt; die Wywer schnellt hoch; Trigoggala torkelt; Franz Siker vom Rass seiner Fisel buchstabiert seinen Namen; Auberger Fred verdrückt sich; Nenni schwitzt; Unterfelben Agathe hebt einen Kiesel auf; Bürstlinger Genia lässt eine Ente hinaus; der Amerikaner hinkt; Fi besinnt sich; der Admiral Augenlappen beordert die Serviererin herbei; die Rachen Fine trifft auf keinerlei Widerstand; Tagwerker Didi und Flieger Kugel niesen; Zitronen Anders setzt eine Butte ab; vier Kryptos verbarrikadieren sich in eisernem Schweigen; Kirnta Meile verlangt eine Gabel; Mandolin wird wieder lustig; Ankogel Dula wird grün; Bruchegger Schurli ortet vage die Tür; Kröstler Josel schließt sich den andern an; Panis Liese lässt auf sich warten; die Säule vom Tagwerk schmeißt raus; Nano von Morzg tätschelt eine Kruppe; Bojum vom Brindlhaus ruiniert sich beim Greifspiel; Puntigam Ulysses verrät seinen Trick; Lulu Scharnagl verdeckt eine Schramme; Reimo Mooslechner brüstet sich, der letzte Pfarrwerfener zu sein, der noch Pongauerisch spricht; Leiten Maroni beharrt; Geni der Hinker hat es satt; Mundenham Franz fixiert einen Buschmäher; Romberger Phise hilft Polettis Arthel aus der Klemme; Stuifäin Pirmin gebraucht seinen Stecken; Geni ob Surbrinn zetert; Klein Peppi dreht das Gas ab; Corona Heinz kerbt ein Kreuz; Schlopfa Michel beschreibt einen Kreis; Teo turnt; die Dore rafft die Reste; Markel Ferdi erschauert; I-wo Gilbert besteht auf der Garantie; die Schrammel Franzine ergötzt sich; Gustin Petrus begutachtet die Trümmer; Pirchner Zebi entziffert die Gebrauchsanweisung; Herichtel Emi bemerkt einen Schnitzer; Pforzkäter Sepp kippelt; Starkkiesel schlürft; Feudelin wimmelt von Ideen; Gjorghy Szkotnick bringt ein schwieriges Wort heraus; Franzel aus Waldprechting erläutert einem Hamburger, dass es »Frau Uiberräiter« heißt und nicht »Frau von Überreuther«; Acht Fünferscheine ragen aus dem Hosensack vom Siegnitzer Michel; die Rott Marie bürstet schon wieder ihr Haar; Hansl vom Rußbacha Pass Gschütt kontert; Sechs Kisten Fritzl findet seine Größe; Burk Flo parkt vor *Walter Werkzeuge Salzburg*; die Baidl Daudl verkauft ein Lamm; Seppei vom Hof knallt an den Pfosten; Vikko fegt; Nas-Koffer tschischelt; Bombi erscheint; Kalalauer Didi zündet seine Zigarre wieder an; Graf von Wickelburg rügt seine Nichte; Tüliptülip Geni schlägt einen Nagel ein; Fünf-plus-drei Acht verdient seinen Spitznamen; Samuel die Teichmuschel genießt eine Waffel; Buckel deckt sich ein; Hektor knozt; Margit richtet sich her; die Giraffe von Taxham macht sich kleiner; Schamai macht sich größer; Hansi Dadu fragt die Kreditkonditionen ab; der Vormalige Totengräber predigt Abstinenz; Lallitschs Köter verlängert seinen Mittagsschlaf; Klaudis Alois lutscht am Daumen; Kropfa bügelt Banzn nieder; Raunzer Eduard begleitet den Buchegger Joseph heim; Zavers Lutz vom Schörg beglückwünscht den Berater; Ambrosius Franzai triumphiert; die Barcelonia Lymphe entrollt den Gutschein; Briefträgers Kappl studiert die Broschüre; Stangerl Sepp betastet ein Milchlamm; Bernes Lutz kniet nieder; die Mühlbach Nita ist positiv enttäuscht; der Grüßgötzer Just ruft den Glanggl Siegi an; Auerlen Niko pustet; Troyer Paul rüstet sich zur Jagd; die Besser Brüder äffen den Novenen-Michel nach; der Einödwimmer Ferdl steht dazu; Hans Kathrin macht mit; Masinka bekräftigt; Kramer Marei gibt einem Urlauber Auskunft; Sotke bekommt einen Schnupfen; Blattern Julian freut sich; Galster Hans schnieft; Sidel und Bims beschleunigen; der Mali schraubt; Fauland schuftet; Vogl Moritz setzt sich wieder; Didi sitzt nieder; Nestscheißerl Fonse schlendert; der Seiler futtert; Franzai der Klumpen ödet sich an; Graupel Ploschert feilt; Exekutors Karl schlürft ein Ei aus; Maisi der Tropf tauscht ein Perlhuhn ein; Karnickel Karli beschwert sich; Motalik Phisel verhunzt sich den Tag; Sappalott Mili nimmt's hin; Rosemies Franzai jubelt; Peichel Tita ruckt; Tanti Maralik gebietet Ruhe; Parnreiter Jacherl bedenkt; Pastillen Oma verdrückt sich; Barnos Susu behält ihren kühlen Kopf; der Chauffeur übt; Bailoni Michel geniert sich;

der kleine Geißeder erntet eine Ohrfeige; Vavers Dolfi bringt Tuschas Vaver aus der Fassung; Karis Rupert zerlegt ein Brot; Gscheiters Didi schleckt die Schaumkrem; Modafari panscht Birn & Himbeer für die kleine Marivonne; Pompfn Hans verdächtigt den Lügenschippel; Äugel Thomas zertrümmert seinen Kreisel; Hans Nonno zerstreut seine Schwester; Franis Peppi säubert seinem Patenkind das Gesicht; Franz Handverdraht alarmiert Sepp am Langbrot; August Portigliati entlädt den Lastwagen; Haindls Gust bindet den Bock los; Didi Banzirsch zerdeppert einen Teller; Kakoni Toni verhunzt einen Spitznamen; Bomeiers Gust führt ein Plüschtier vor; der Gneiser Gerald schreit sich heiser; Mauracher Peter schleppt eine Stange; Meder Olympia ahnt ihr Ende voraus; Butzig und Schofidel überfordern sich; die Marona Gschaftlhuberin errötet; Buckel Mali schuftet ordentlich; Bernardi pfeift die *Rienzi*-Ouvertüre; Kapuziner Julian holt seinen Schwiegersohn ein; Mosterino hüpft; der Fäustel träumt mit offenen Augen; die Schwarzinger Luise setzt die Kapuze ab; Pitzek aus Matzing gibt seinen Misserfolg zu; der Wieden Michel stöpselt den Weinkanister wieder zu; der kleine Poldi zittert; Theobalds Lea weiß voraus; Miroslavs Sepp scheißt; der Hatscherten Toni spielt noch mal; Godi vom Lend zückt seine Brieftasche; Tobl Peppi tobt; Jäthainl Fränzi lockert seinen Gürtel; Grub Hannes verzweifelt; Pankraz Loisl weissagt; Miggl Joso formt ein Gesicht; Quintolen Franza umwickelt Ochant Ninis Ente; Lalines Lutz läuft einem Küken nach; Raimund Betonschwanz nickt ein; Laminger Gust faltet die Zeitung; Daudls Viktoria drückt sich aus; Zilie tritt in einen Kuhfladen; Patzen Schurli steckt zwei Rohre ineinander; Tromörter Derian informiert sich; Gropfetsa ist schief; Stapel Hans hüpft; Lilli Berthiller vertauscht das Paar; Trottel Fons trudelt ein; Dolliner Barnabas nähert sich McCormick; die Oskardin nutzt den Glücksfall; Luis am Nagel, der Franke genannt, leint seinen Tiroler Pinscher los; Rohregger Gustl vereinfacht die Transaktion; Morelli Friedrich befleckt seine Joppe; die Fine vom Dieselzopfer döst; Sissi stellt das Ohr auf; Lulu Bronn berichtet von ihrer Reise; Jo die Kuttel unterbricht sie; Poidl säubert seine Brille; Nanes Fons blutet; Defago spielt Akkordeon; Bunnudls Philomena trällert; Schmieds Gust vergeudet die Butter; Basils Zenz kommt vor seinem Vater; Luis von Unterm Gaschtl hängt das Zaumzeug zurück; Viktor Aufundab beschwichtigt die Bröckel Marie; Blunzenfranzi frohlockt; Mitterbichl Kamilla prustet; Reginald aus Uttendorf schrubbt eine Pinzgauer; Jaaleng taucht; Nursl Leo will lieber die grüne; der Plankenauer Fons steht sich die Beine in den Bauch; Maischer, Haubentauch, Fredo der Martrer und Bramburi stampfen; Bubus verschrumpelt; Ochsen Fips plant die Rückkehr; die Beidel faltet ein Leintuch auf; Geni vom Glaserer kugelt sich; Gust am Beppi hört auf; Bosniaken Franz rülpst; Rüdiger am Mandlmat bleibt standhaft; Scharrer Hans schlottern die Knie; Lutz von der Nini schnofelt; Mali vom Toferer knöpft sein Ölzeug zu; Zollinger Turi entwendet ein Nougat; Dremmel von Weißstadel peitscht ein Pferd; Griebe rennt zum Karussell; Franzai Feli kehrt heim nach Ampflwang; Maria Jason Franzai die Tschick trieft; der Kanak bemerkt eine Anomalie; Brezen rüstet sich aus; Moritz vom Püler setzt aufs Tanzvergnügen; Sprosser der Kegel verhandelt; Albert vom Nonner trifft daneben; die Lulla vom Tio schnürt ihre Stiefeletten auf; Gust vom Dost staffiert seine Kalbe heraus; Mälzer Kohlschnait setzt sich zu Tisch; Bumperer beobachtet die Leute; Hackstock Seff hört *Ausgerechnet Bananen*; Boblo erhält einen Tropfen; Michels Norbert erkennt das Kitzbühlerische; Krugrain Hannes hüstelt; Chefs Moritz jault auf; Renzi mit der Buntscheckigen motzt; Hosenkraxen erschüttert Notburgas Simon; Pikora drückt sich; Marioras Benjamin probiert Widerstand aus; die Maria Planer Fanfi wirbelt; der Buchberger Dieter, Platon genannt, verhandelt mit der Kassiererin; Watschen ahnt schon, dass Niangon im Guggelbichlerhof enden wird; Weißenhof Hannes pfercht ein Schaf ein; Zahnlücken Lore verweilt in der Kantine; Binzel besichtigt das Spukschloss; Gevatters Mitzi ist der Hannes Laudi auf den Fersen; Palfen Marei füllt ihren Beutel; Dax Josef zerteilt eine Torte; Löwenmaul Josef zeigt Richtung

Tannwald; die Pitschacherin zerknittert ihre Hemdbluse; Gabi Schauschütz befriedigt ein Bedürfnis; Kyrills Mimi vergreift sich an der Schokolade; es treten ein: Oberochsen Fips, der Bruchegger Fons, Kreidelos und die Pikkoline; Klepper Mili zettelt eine komische Geschichte an; Pfeifen Mitzi bleibt sich gleich; Kollos Line näht ihren Saum wieder an; Weiß Franzais Eduard wettert auf seine Tante; Berndorf Phonz schützt seine Hosen; Nannis Renzl orientiert sich schlecht; Grießen Michel kauft wieder Honig; Tin'anerls Konrad palavert; Didi Ding rückt seinen Schlips zurecht; Cölestin grüßt ihn; Rodel Phons wendet sich mir zu; Pinguin wackelt; Bison Toni bindet seinen Schnürsenkel wieder fest; Martl plissiert das Leder; dem dicken Dolphi seine Fini strupft die Zitze; Koko Burggasser schlägt ein; Franis Luis befragt einen Schausteller; Pernoldi flicht einen Schweif; Daubner tastet die Vene; der Große Vikar jammert; Schrinner Douma liefert ein Kälbl; Scharli Trebuch, sagt Nesthäkchen, horcht das Euter ab; Perrer lässt Stute Isabell laufen; Trabitsch glaubt, zwei Burgauer zu foppen; Pony schlägt aus; die Tullnerin kalbt; Finette bellt; Borger Gust kerbt einen Stock; Hechel Fred fuchtelt; Hans Bucklert ramponiert seine Schuhe; Rotten Luis schleift seine Klinge; Weidacher Godei verdreifacht seinen Gewinn; die Ziegler Omi Heanaug entwirrt ein Knäuel; die Hossäckl Fine bindet ihr Halstuch neu; der Tantl Blasi quetscht seinen Bauch ein; Premiszl und Dellemann empfangen die Delegation aus Eberbach; Hebel Albert tränkt eine Murbodner; die Girod Mili stößt einen Kübel um; die Moidl vom Zentrum macht Eindruck; Godei überrascht durch seine Chuzpe; Alois, Blasius, Webel, Alexander und Karl Heinz kamen gemeinsam aus Schasklappersdorf; der Griesbachwinkler Kronreither Zeno steht auf Traktoren; Jacherl aus Handsam setzt an zur Kurve; die Schokoladen Marie begibt sich Richtung *Colibri*; Kakania Phons elektrisiert seinen Mannschaftskameraden; Pfeiferl Marius unterschätzt den Grundschullehrer; Buchebner Geni peilt richtig; der Rote David erforscht den Geisterzug; Ignaz Justa hackt Petersilie; die Bäckin schraubt auf; Barbanek identifiziert einen Vinschgauer; der Lehrer Hornisse erkundigt sich bei einem Pichler, wie sich die Bewohner von Sankt Margarethen im Lungau nannten; Hermi Höpflinger zähmt seinen Speichel; Vikerl funkelt; Joseph III steckt einen Prospekt ein für sein Archiv; Babis Geni erkennt den Spalt; Kloben Girgel erhebt sich wieder; der Bihari Lois kennt keinen; dem Major Kloneg kommt just das Verb *krawallisieren* in den Sinn; Spuckerl Theres ermüdet; Boller Schurli verzieht sich wortlos; Krampelhuber überwacht das Ereignis; Scheupa kratzt sich; die Gebrüder Stoß an zerpflücken die Rechnung; Davers Gustl, Schloifers Philipp, Pitts Wischler, Sepp Pülacher und Bollo planen, die Kasnocken bei der Hollhäuserin kosten zu gehen; der

Mauracher Wolfshund schmiedet sich eine Glückseligkeit; Pfahler Josel verschafft sich drei Päckchen Tabak für die Beschwetterin; Hans Pauli beklagt sich; Rührkübel Peppi steht angesichts der Schlangenfrau der Mund offen; Kramer Sepp strauchelt; Lenglachner Geni frisiert seinen Schnurrbart; Bugl Milo schiebt sich weiter; Gatsch'ntrampel bedient sich gleich zweimal; Plemper Andi löst sein Lager auf; Klammsteiner Elias fährt los; Hüttl Franz richtet seine Strähne; Gundelinde legt hundert Groschen drauf; Wimmerl bremst; Muhrer Ludwig macht sich was vor; Hans Muliar schlemmt; Gröller Hannes verspätet sich; Rumstata schließt sein Fahrrad an; Pointl Gustav macht Jagd auf eine Fliege; Bichl Josef versperrt den Ausgang; Amoser Gust fährt fort; Dandler Zilie belauert Rieger Karl; Daniel Bodingbauer stellt Zuckerwatte her; der Fine ihr Luis stellt sich Fragen; Norbert aus Ecking Ullach, sein Vetter Ofner und Lulu leugnen in Bausch und Bogen alles ab; Schäfauers Moritz hakt einen Riemen ein; die Escher Lore bläst Trübsal; Stumbauer Wenzel schnäbelt seine Zukünftige; Jedeks Xaver bespritzt seine Semmel mit Mayonnaise; Dornhofers Michel lässt sich's schmecken; Peppis Franzai vom Lueg hockt sich hin; Kapuziner Hieronymus verkündet ein Geheimnis; Kröndl Franzai regt sich auf; Mauracher Peter zerbröckelt eine Waffelschnitte; Ninas Lutz strafft die Kette; Granat Sepp ist bei dem Vorfall anwesend; Kofel Micha sortiert seine

Schrauben; Irenäus Fassnauer bricht unter der Last zusammen; Fotograf Haendl spult seinen Film zurück; Policarp seine Susen stillt; Aldo Vitali durchmisst das Podium; Albrecht Allrad hampelt; Rudi Ramsauer verpackt Pralinen; Lucki Rössler bewertet die Tiere; Felbener Milo verschließt ein Etui; Millner regelt den Verkehr; die Feder rollt eine Murmel zu Godi Titze zurück; Lattich führt einen Chip ein; Elendsgewinn streicht einen Teil aus; Ninannis Hannes nickt; der Graue Ferdinand pumpt sein Moped wieder auf; Tonimörtl Franz deckt seinen Anhänger zu; Winkl Wigge berät jemanden; Schmidinger Steffel spricht den Wildhüter an; Franz Euler untersucht die Zahnung; Rozeg Fons stolziert; Zumtobel Felix wird ironisch; Pfeifen Richard schnaggelt; Isidor Ingruber pfeift den *Rainermarsch*; Meisters Zenza belegt zwei Plätze; Streuner Hannes knöpft sich wieder zu; der Lustige Schuster und das Triste Subjekt zanken; Gatschen Luis pfeffert sein Kotelett; Zamperl Schurli und Lenglachner Geni retten sich unter das Vordach; Klingen Franz sammelt seine Anschaffungen ein; dem Planitzen Sepp seine beiden Franzeln hauen sich; der Boschinger Lugge überlegt sich eine List; Mörtel Michi ertränkt seinen Kummer; Tschick Tschick pudert sich; Clemens Politl durchsticht eine Öse; Bolzes Julian besänftigt sich; Blattern Franzai ist beklommen; Däubler Kurt hofiert Gustines Franzai seine Lene; Didi ihr Felix setzt sein Flügelhorn an;

Striabers Godi steuert eine fliegende Untertasse; Apothekers Josef weidet seinen Salat ab; Protestanten Eder befürchtet das Schlimmste; Huflattich Michel verhaspelt sich; Albrecht Kutscherer nummeriert die Lose; Huflattich Luis beurteilt seine Nachbarin; Fred Briefträger chiffriert die beiden Artikel; Gröstl Thiophil schätzt die Entfernung ab; Dulfi stellt eine Finanzierung auf; Moidl zupft ein Blümchen; Rastlbinders Bastl mischt zwei Flüssigkeiten; Lotte schichtet die Paletten um; der Fragner Johann verschmäht industrielle Wurstwaren; der Klampferer Fonz nimmt die Kopfsberger Rosel mit; der Hahn vom Kröbenfeld interpretiert; Biawei klezelt Haselnüsse ab; Phines Albert hat noch Hunger; Stäubles Phons krallt sich am Tresen fest; der Kritscher Schurli gibt sich geschlagen; Sosettes Witter Bastel begießt seinen Sieg; Michalskis Zorina fächelt sich Luft; dem Bürgl Gerhard mundet der Staazer; Mayrer Felix kratzt einen Huf aus; der Waaghäuser Didi malträtiert seine Schürze; der Guglhupf Hubert schneuzt sich schon wieder; Buchegger Johann kapituliert; der Guglhupf Michel kiefelt einen Butzen; die Kapitaner Viktoria bedauert die Erhöhung; der Kalk'ler Alfons bekritzelt die Tafel; Skalpell plagt sich; der Zollinger Hanslhans bummelt; Hannes vom Rettenzink betet; Marks Gustl legt sich ins Zeug; Maulbeer glänzt beim Geschicklichkeitsspiel; Sepp am Steg plaudert; Sistel Siegfried lispelt; Stadlinger Lutz beschleunigt den Schritt; Bimmel behauptet, nichts getrunken zu haben; der Zwiesler Sepp zerlegt ein Ferkel; der Scharfett Hannes repariert seinen Regenschirm; Juli aus Taxham tastet; Tratschnasen Peter verproviantiert sich; der Bochtler Hannes stülpt einen Kübel um; Malers Fritz resümiert mit einer Schnute; Zossi wird böse; Sepps Baude schluckt runter; Zossis Fine schnieft; Hohlers Hohler ist wieder da; die Felberthaler Lulu verkriecht sich; Bäckers Staberl zahlt einen Kessel; Degner Josef sabbert; Franzai Miad uriniert; Refles Blasius tätschelt die Furchner Mimi; die Wagner Lise zankt; Töpers Frani verlässt die Gruppe; Scharlie Pirchl fotografiert einen Buben; der Toplitzer Franz Josef macht seinen Kittel sauber; Andreas Dunst notiert zwei Gedanken; der Troadkastner Bischl piesackt Rastlbinders Fine; Genis Neidhardt schleift sein Klappmesser; Pannis Fons richtet sich wieder auf; Ziegelbäck führt Selbstgespräche; Gervasius Hiesleitner weicht zurück; der Piracher Lutz unterschreibt; Geigenpaul begibt sich auf den Heimweg; der Zwiesler Athanasius streunt; Min Min Bürkl plustert sich auf; Alois ist am Ende; Puszta Elfriede erinnert sich an ihre Großmutter aus Klamm; Moritz, der Schlachter, genannt Moritz der Zarte, telefoniert aus einer Zelle; Goggs Nanna schunkelt; der dicke Kallunder müffelt; Schnos Fridoline fröstelt; Scherer Franz erreicht das Zentrum; Scherer Peter versucht hinzugelangen; Nur-a-bissl schrammt am Sturz vorbei; die Ortsbesorger Fine schlängelt sich durch; Bachler Peter scheidet freiwillig aus; Fichtler Schurli driftet ab; die Kerndlnauer Daude hebt eine Kiste; Tamser Franzi schreckt auf; die Kernwimmerin löscht ihren Durst; Drei Touren Franz verschwindet; die Sezenwein Fine überwindet ihren Schmerz; die Schullerer Rosel trägt Geschirr weg; Hannas Hänsel führt einen Dialog; Rindler Mena ertappt die Bergleitner Simone mit Hans Georg vom Röhrmoos; der Graf rügt den Aitler Didi; Danders Fine wird unsicher; Karlchen verbreitet sich; der Einäugige Helmut zückt sein Kleingeld; Harfenlulu verbilligt die Ware; der Tonkaneser Michel schwankt; Clementines Wagrainer Michel walzt aus; Polykarps Moritz verschüttet Öl; der Filzmooser Tarzan trainiert seine Muskeln; die Küsten Angela haucht einen Spiegel an; Markus vom Geißbichl errötet; der Vogler Godei stellt seine Prognose; Michel Blitzner bestreut einen Krapfen; der Hasler Toni zwitschert ein Krügel; Bimberl kippt sein Seidel runter; Gela Orsolic protokolliert; die Biarer Fi stillt ihren Durst; der Breithorn Peter patrouilliert; Sechs-Vier-Zwei leugnet jede Teilnahme; Hannes Petru bürstet einen Maulesel; Filum Falum erstattet seine Schulden; Hanningers Gust hat einen Ständer; die Geni aus Pfarr redet wirr; Franz Schmiedlechner geduldet sich; Leon Fassl dreht Pirouetten; Kakana Anton weiht sein Jackett ein; Rinnsal Balder walzert mit der Tätscherin; der Landeshauptmann geht aus sich raus; Amsel Peter sackt den Gesamtbetrag ein; Kübler

Lullo lehnt sich an; Avicenna frickelt; der Hagedörner Clemens empfindet Müdigkeit; Asmus klappt sein Messer zu; Klelians Josel äfft Woi woi nach; Pflüger von der Bank verstaucht sich den Fuß; die Kubin verkennt die Grenzen; Fingerle mietet einen Dampftapetenlöser; Korsen Ottilie hakt den Verschluss auf; Erldäpfleppel verstößt gegen die Vorschrift; Kargl Pistol schindet Zeit; Alter Josefs Ama plagt sich; die Parasolerin raunzt; der kleine Brommer sagt Wilhelm Busch auf; die Fisegger Tine schluchzt; Eichkatzl schaudert; Herentn-Haxen Mario stickt; der Kapitaner Gustin ballert auf die Dosen; Korbinian torpediert die Pyramide; Flachauer Fendel kugelt sich die Schulter aus; Föhn Gustin stößt sich fast ein Auge aus; Pupillen Zenzi strengt sich an, lustig zu erscheinen; Tinti Kepplinger poliert eine Murmel; dem Hendl Moritz sein Fons bummert; Aribonen Didi kreiselt; Grogers Gust erbricht sich; Fennjager Alfons macht sich locker; Klein Peterl passt sich an; der Totengräber schwitzt; Hyazinth begeht einen Fehler; der Hurone versteift sich; Pumpen Mirl entwirft ein Projekt; Geisbichl Franzai erwirbt einen Heizkörper; Lauser Cäsar irrt umher; der Feingeist bleibt stur; Menagen Moritz bringt einen Bienenkorb wieder; Nitas Albert ist zu warm; Pickers Felix hat nicht genug Geld; Fundneider Andre breitet Heu aus; Kastinger Mario variiert sein Tempo; Moos Hans setzt sich; die Madnerin nimmt Platz; die Grafen Elke säbelt das Fett weg; Cioras Emo schläft seinen Rausch aus; Snos Jaja kassiert; Dekorso Mario, genannt Klebernezl, bereichert sich; Birgeder Fränzline entscheidet sich; Guglhupf Turi atmet ein; die Muli Margarethe hält inne; Pitters Peter tobt; Fröschl kritisiert seinen Nachbarn; Wenzels Laudi klappt den Schnabel auf; die Streckenwärter Madlen trennt eine Schulterklappe ab; Leander sorgt sich; Gefreiter drückt sich; Karalunke knausert; Dödel verstrickt sich; Robustel schwadroniert; Frissnigl verleugnet sich; Laurette wird heiter; der Kapitaner Peter peitscht; Zoller flennt; Almer Franzis Politl sticht heraus; Prechtel Moritz steht wie angewurzelt; Gschütter Gust knirscht innerlich; Beri Heinrich amortisiert seine Investition; Papst Sepp wird purpurrot; Lapperlutz bändigt einen Jungstier; Kobernaußer Eugen rumpelt; die Passegger Brüder treffen sich am Brunnen; Moses schlüpft aus den Schuhen; Beisl Robert schleicht sich; dem Simon von Fränzls Luis sein Andre wetzt an der Kapuze; Hans Fiferl wickelt den Laib ein; Perrers Lene ist entzückt; Tim Schamböck verscherbelt; die Rose vom Rauchkogel schaukelt einen Säugling; der Dicke Mulder johlt; Walchen Noldi zieht Maxians Noldi mit; Gustl Peters Kiki deutet auf ein Fass; Neubach Sprössl zertritt einen Zigarettenstummel; Begurniks Phise klappt zusammen; Lepper Franz steckt fest im Schlamm; Lanzl Hannes kippt um; der Schustanagai Mario wird blau; der Flattner Peppi vergrößert das Knopfloch; der Taschenoberst bedeckt sein Haupt; der Würgekettler navigiert; Onkelchens Rosel lässt sich nieder; Petjos Aurelia zerreißt ihr Kleid; dem Kapauner Schnull graut's vor dem Preis; Merche bettelt um eine Ermäßigung; Händl Elias züchtigt seine Tochter; Zottelpracht erledigt einen Truthahn; Kassenwart Barthel gießt Fusel nach; Papst Franzis Hans-Maria sortiert Birnen; Jaudes Gustav klettert mühelos; Tanninger Petrus und Hannes schütteln dem Nationalrat die Hand; Anne Lee fährt vorsichtig; die Mauterner Dele schreibt sich ein; Jollen Gust verspätet sich um zehn Minuten; Maiskogler Fred stellt seine Uhr vor; Ulriks Michel und Trümmel Sohn versuchen ihr Glück; Darren Milo misst die Höhe nach; Stopfen Steff überstellt die Nachricht; Zur Scheunen Bobby trifft es hart; Glauders Madi pflückt eine Margerite; Pauline vom Runkweg überprüft das Rockfutter; Manglberger Teodora begrenzt die Ausgaben; Pioki tafelt; Randlkofers Julitta fügt sich; Luis Schickbauer bangt um die Uhrzeit; Graml bibbert; Pillsteiner Peppi kaut seine Pfeife; Luritzhofer Michel wechselt das Thema; Hannis Hannes verhaspelt sich; Schannis Phisan lacht schallend; Wachtmeisters Rupert plaudert aus; Karles Sepp zählt seine Einkäufe auf; Tölpler verhakt sich; Drahra Mimi müht sich; Fetz'am Fließ hütet sich; Kloben stammelt; Mooser Didi erblasst; Ticktack schüttet sein Herz aus; M'schis Fons krakeelt; Pauls Franzai melkt; Kanetscheiders Angela lächelt flüchtig; Sassas Mitzi wendet sich an

Madlers Rosel; Palfner weicht aus; Grau Peter bindet Weidenruten; Turl am Austrieb setzt eine Pause; Briefpost Leon beneidet seinen Gegner; Länglacher Bernhard füllt den Behälter; Schwartel mahlt Pfeffer; Zaster Luis malträtiert seinen Motor; Weißeck Jo taucht einen Schwamm ein; Laudes Peter befragt die Hellscherin; Bürmooser Veronika spiegelt sich im Aquarium; Steffis Graom entlockt Informationen; Kurdis Omama lässt Trauben abtropfen; Ofenwichs foppt einen Tiroler; Klemens Sutara carinthisiert noch etwas die Diphthonge; Legalitäts Franzai schreibt seinen Namen; Schwengels Ambrosius und Stefferls Gust kriegen die Zähne nicht auseinander; Kar Peters Franz schlägt das Publikum in Bann; Drei Schilling Sechs Groschen hat die Lage im Griff; Didi Sorin iaht zum Scherz; Knappl zappelt wegen nichts; Embacher Fons sterilisiert ein Weckglas; Ambrosius von Unterwang buht den Verlierer aus; Schlapfen Lulu nörgelt umsonst; Murmel spielt den Wert herunter; Binkerl, die Stupp und die Lachner Angela halten seit zwei Minuten den Mund; Ochsenhofer Josef jagt eine Katze; Faber Schurli teilt die Scheiben aus; Kurre Politls Zyprian trotzt den Gesetzen der Schwerkraft; Dickhansels Paul durchbohrt eine Wassermelone; der Schrofin ihr Beppos Josef verträgt keine Sonne; Vaver vom Lustig graust es vor der Rechnung; Schwarzleo Lisa akzeptiert Noldis Lexine; Hiasl streift die Oag entlang; Perschls Daniel bedankt sich bei seiner Verlobten; Glasers Paul stottert; der Grantl hakt ein Gepäcknetz los; Nippel vom Kropflehen trocknet sich ab; Bosin empört sich; Schnadaras Pauline täuscht sich; Kloklo von der Seilbahn öffnet eine Dose; Ganni deckt den Schwindel auf; Globula häutet eine Tomate; Teufelsdreck heckt aus; Klein Wendelin sträubt sich; Philomena von der Lofersäge verhehlt ihren Missmut; Spulchen entwischt; Karl der Große diniert; Pickpick Leo reißt das Steuer herum und hupt; der Gerbl regt sich nicht ab; Wittners Sepp umkreist den Stand; Sperling linst; Hannenhans schneidet eine Salami auf; Maultasch Didi und die Gastager Glatte trennen sich; der Zirbler lauert; Schrotl näselt; die Pschorn Milli schmachtet; der Zieglebner Franzai schließt einen Gurt; die Strohsack Lympi seufzt; Mauke staucht die Rauke; Weidl käut; Karo Kasimi bestreicht die Debrecziner; Brandler Paul bepinselt die Spießchen; Schurli Holzschuh quartiert einen Wurm aus; Röhren Ernst saugt das Ganze ab; Josels Felix kontrolliert die Eintrittsgelder; Verzupf Wastl faltet die *Salzburger Nachrichten*; Padinger Clemens taxiert das Tier; Kassiber salzt die Fritten; Hannes Wölflitz begnügt sich mit einem Glas Wasser; Büro Ferdl kloppt Skat; Schnabler Michel poliert sein Koppel; Mia weiht ihre Mütze ein; Omi Russeger räumt die Reste weg; der Kinne Peter anempfiehlt ein Heilmittel; der Gockel Felix umhalst die Liese; Röhrmoos Bimfi belehrt einen Linzer des Besseren, der sich im Lungau wähnte;

Garin von der Bastion rechnet aus; Förmchen schielt; die Büchse murrt; Nögl Gust striegelt ein Maultier; Pugel Viola verdaut; der Turchelkopf Hanno wiegt das Haupt; Rütüttel löst Sirup auf; Manüs Marie tuschelt; Seicherls Julian trifft seine Cousins aus Argentinien wieder; Daudes Sepp verstopft die Öffnung; Raimund der Paradeiser, Dodl Eichberger, Didi Ganghofer und Lulu Lehner halten Jause; die Tittler Martha riecht nach Fritteuse; Beutel Beppi raunzt; die Lisett befreit einen Kanari; Grillhofer Gustl schnürt seinen Sack auf; Flandern Andre setzt der Dedl Zenzi zu; Loisl von den Andern verschlingt ein Backhendl; die Lolotten Marie beschwatzt die Kinigler Melanie; der Narri Peppi wiegt einen Schinken; Franzlines Dolfo rät vom Voltigierer ab; der Mamooser Oisl getraut sich's; die Lachmöwen Litzi kreischt vor Angst; Bison Hubert beäugt eine Geiß; der Kwinzer Oisl putzt die Dielen; Beutler verjubelt seinen Gewinn; die Spaßvogler Madlen rührt den Teig an; Franzai Schoitschbuag verformt das Mundstück; Schurli Olles schürt das Kohlenbecken; Kapuziner Oisl versetzt sich acht Jahre zurück; Fußobstreifer Franzai bringt das Fell zum Glänzen; der Grauwackel Joseph vermehrt seinen Viehbestand; Banzen Didi leiert einen Abzählvers herunter; Bepperls Leni seiht Milch ab; der Miase Paul erweitert die Schlaufe; der Josef von der Kalchkendl predigt seiner Gemeinde; der Erler Sidi ruiniert die Federung; Vronis Josef verflucht seinen Konkurrenten; Kreuzpolka Eugen entschädigt seine Nachbarin; der Scharfett Hannes stellt einen Lehrling ein; Hochzint Viktor furzt; Pauls Franzai durchstreift das Marktgelände; Ortwin von Reiweger will sehen; der Böckinger Emi zieht einem Hasen das Fell ab; Gaudi Josef sucht die elastischsten aus; K'marödl steht straff; Schalottis Johann neckt den Kapitular Laireiter; Tuttel Jepp überschätzt seine Fähigkeiten; die Mantsch Pichlette zwinkert; Kuckuck scharrt mit den Hufen; Kahnu Josel voltigiert; Valentis Lulu schnaubt; der Kahlu Josel jammert; Lala Franzai versteckt sich; die Rappel Leni halbiert einen Palatschinken; Stutz verführt die Sinjaude; Sauber Hansels Aschl verstreicht zu viel Senf; der Halzmaul Hannes zerschneidet ein Blech; Premms Gabriel deutet eine Geste an; die Putzinger Nöti plaudert über dies und das; Bastis Marie leckt die Marmelade ab; Gustines Felix ratscht; Schwadroni entwickelt sein Programm; Schneckerl Ignaz interessiert sich für das Ventil; Rampunzelli raunzt; Ida Coltez schleudert »Kinder, rollt jetzt!«; Rosalinde Flöckchen hält fest an ihrem Röckchen; Bottig kiebitzt; Clemens Wimmerl schwillt der Brustkorb; Reiner Calabrese verfehlt das Schwarze; Jockel die Schnarche bedeckt sich; Bichlhaider besticht den Lizenzhalter; die Farthofer Olympia schwafelt; Geißen Leo brütet über der Zündung; Noldis Xanerl umsäuselt ihre Patin; Tapperts Emi gibt nichts aus; Buckel Steff umarmt den Stellvertreter; der Morellen

Memi zeigt sich mit dem Senator; Haxler spuckt aus; Adrian Wenzel sinniert; Brücken Reine imitiert seinen Kollegen; Batzen Heiner kratzt sich; Fröstler Albert empört sich; Gfratzla erregt sich; Glumpert macht sich ins Hemd; Mich'litschs Schabernakel sträubt sich; Fuschler Huberta duftet; Ratschert Peppi schuldet elf Groschen; die Heftlette purzelt runter; Spinnertpfote schnappt nach Luft; der Tagwerker stochert; der Mossegger Jepp stärkt sich; Lumpi Staberl entspannt sich; der Mauracher Bastel wettet; Johann Fister wiedersteht; Bremma haut ab; Schnürdl wird mutlos; Kalusch klappert mit den Zähnen; Pfannflicker Effi verzeichnet zwölf Gnigler; der Bernkogler Hannes gibt das Spiel auf; Tannhäher Efferl stimmt zu; Poldi berauscht sich; Fisters Natol fesselt seine Zuhörerschaft; Arnold wird heiser; Karls Moritz sein Emil kommt durch; der Halleiner Bürgermeister isst faschierte Laberln; Kittel Armin defiliert; dem Reinhold sein Mädel brütet eine Grippe aus; Ferdl Fleck piesackt die Laschensky Elke; Steffsteff Koschier karrt einen Ofen; Korats Meiche stößt auf; der Knolleder Felix spuckt ein Wurstradl aus; Bojos Nina überwirft sich mit der Deftigen Phi; Pechler durchsticht eine Membran; Simi Brankovic schaudert; Hendl stemmt sich gegen den Tresen; Schüttel Meiche entdeckt einen Riss; Nandel schrumpft; Brettl wettert; Häckerling läuft rot an; Ratschner, Rinnen Gogel, Eckinger Gust drücken fest; hoch vom Riesenrad sieht der Pate die andere Seeseite; Mario vom Egg diagnostiziert eine Brucellose; die Ziagel Rosa schickt sich in die zweite Wahl; Bruckmooser Hermann findet sich mit der Unebenheit ab; Zamperl und Tschumperl verabreden sich mit drei Kühbühlern in Buchwinkl; Knickerbocker Gugi überschwemmt das Tischtuch; der kleine Hanschurl befleckt seinen Heftumschlag; Klamm Peters Franzai gerät außer sich; Segen Hans führt seinen Gedankengang aus; der Ochsner Michel schlingert; der Rastlbinder Xaver hetzt sich; Saubartel geht los; die Pajenkin schwingt die Hüften; der Gerlinger Zenz konstatiert einen Defekt; der Kleintödtlinger Josel vermisst das alte Modell; die Hachel biegt ab; Philomene ihr Kaspar stellt eine Lungenwurmkrankheit fest; Lolo tanzt; der Sulzau Gus nickt wieder ein; die Lange überquert den Steg; Jockel trifft Zolcherl in Tränen; Sissi lupft den Ellbogen; Ignazens Sefferl unterbewertet die Kosten; Hörndls Berta kostet einen Palatschinken; Fanni Franzai vergleicht zwei von zwölf Schlüsseln; Pinswager Fons produziert heiße Luft; Rosskopf Effi verletzt sich am Finger; Josef vom Thällerer Kogel flüchtet; Republik Andreas befeuchtet sich die Stirn; Bankhaus Leon verstreut Trümmer; die Törl Mitzi erhebt sich; Modos Gustl gähnt; Nidei Felix wandert rauf und runter; Blunzen Johanns Nanno rammt einen Grenzstein; Lines Bertha verguckt sich in einen Italiener; Stanis Franzline richtet den D'wanninger Hans wieder auf;

Viktors Pauletta kehrt zurück in den Saal; die Gabi von der Holzschuhmacherei bewacht ihren Schwiegersohn; Dagi trottet; Mazeth unterstützt Rolles Fons; Mitzi fällt einen Entschluss; Salomons Silvester überholt Jeremias von der Klinglhub; Pötzlsberger Ludwig zieht Schuhe an; die Schlenker Liese schwankt zwischen zwei Attraktionen; der Hauptmann streichelt seinen Spaniel; Ferdi Rablstätter verwechselt das Türschloss; der Spuck Franz kreuzt auf; der Bojer Sancho schichtet auf; Hüttel Robert radelt; der Lenzinger Paul haut rein; dem Dannerls Beppo sein Hans Maria erblasst; Staudenböck Kari streitet ab; Jasmino Weiß zieht sich den Scheitel nach; Weinschnabel Franzai hobelt; die Zinken Mirl stammelt; Kaiserpilz Pauli bildet einen rötenden Wulstling nach; die Pranke entflammt; Geballer verallgemeinert; Fränzl aus Forstau opfert sich; Spitzmaus Friedel verbucht; Weder Niels wütet; Feierzong' Hannes fleht; Blases Marei leckt sich die Lippen; Gusto Hannes kaut herum; Ninas Sandra tobt; Zinken Otti wispert; Theophil angelt sich *Die Ströme*; Paul vom Löwenwirt kommt wieder zu sich; Kieferl's Robert sagt seine Personalien an; Bison Clemens hat einen Rückfall; Wimperntusch Josef ist betrübt; Anselm aus Tannham trödelt; Barns Kikine gurrt; der Kröstler Jockel reißt sich zusammen; Marilles Kilian entspannt sich; Ruperts Rupert applaudiert dem Marktschreier; Grabners Schnull rekelt sich; der kleine Strassner verblüfft seinen Großvater; Zinken rächt sich für alles; Lasseng Giger faselt; Philomena von Mario dem Armen stimmt die Motive ab; der Stadel Liese ihr Rupert belästigt Bollos Anita; Meisen Moritz mischt sich ein; die Kleine von Modereggers Most kratzt; die Gries Schweizerin bringt eine Schülerin; Platschalm Feli drückt sich vorm Zahlen; Pippo kämmt sich; Andreas Kugler tischt Märchen auf; Penk Franz käut wieder; Pankrazi blüht auf; die Punnul Daudl fragt sich, ob die Salzach nicht nach beiden Seiten flösse; der kleine Strassner stellt sich vor, er sei Matrose; dem Hannes sein Gust aus der Kobleiten wedelt; der Bambichl Gus juckt sich; Butter Josef *grewelt auf*; der Bira Lutz *obaleiert*; Peters Loli *schworgelt*; Schweindel Rupert *maschdalert*; der Koppler Fons *wodert*; der Holzhausener Josef *puschzelt*; der Kuantschnigger Rupert *jankert ab*; Hannes Emmel *derbaazt* eine Pflaume; der Kickinger Stefan *tefelt*; Laudes Alfred *frettet*; der Roidwalchner Maxim *gladert*; Lilos Franzai *verzupft* sich; der Ganterplatz Raymund *reixt*; Gilg Droletz *oiglert* die Böckstein Eliane; Jeremias vom Herzog *gigezt*; die Pinzga *muizt*; Papoks Gust *bieschtelt*; der Krautstiel Händler *viigeet* den Pürstinger Peter; Genias Franzai *gschlaatscht*; Kipfi *blägezzt*; Abgeller Felix *sumpert*; Meisen Michel *schiagelt*; Becher Luis *schworgelt*; Senken Franz *goggerlt*; Gitte ihr Fränzl *schodert*; Guggu Luis *gadscht*; Petronilla ihr Fränzl *obroatet* Stroh; der Kaseregg Josef *dadotscht* eine Schnecke; Josel das Maultier *zerspargelt* sich; der bläuliche Josef *trif-*

tert Spielmarken; die Kasbichler Julie *bsuult* ihren Kragen; der Herd Michel *schoppt* sein Taschentuch in den Hosensack; der kleine Kevin piesackt seine Großmutter; Hannes Handdrauf lässt durchblicken, er sei über die Lage im Bilde; Meline von der Käserei geht es in kleinen Schritten an; Dorngassen Peter scheint nichts gehört zu haben; Tibolt verpfeift seinen Chef; Zuschbe leiert eine Melodie von Freddy; Trefel der Tropf rennt davon; Pater Padutsch reagiert; Karniol zieht die Prozente ab; ein Eselfüllen wird geboren; Kokolber kommt zur Vernunft; Expeditus Dukat verzögert wie immer; Wastel wehrt sich; jemand wimmert; die Gärten Lilli und die Flieder Gigi tauchen im hintersten Lungau unter; Pape spart; Kobl schmaust; Goliat grimassiert; Dodo kaut Tabak; Bartosch betrinkt sich; Guggl betäubt sich; Nock nimmt Reißaus; der Besnböcker Klemens zwickt zwei Krampen ein; Pattis Armin wechselt ab zwischen Most und Mostdudler; Pipperls Sepp meldet; Leitn Hannes regt sich; Kari hält gegen; die Dücksche Yvonne gibt Kontra; Tittl seiht durch; der Lunglhofer Hans bildet sich; der Pürstinger Michel schnauft; Barzers Korbinian befreit sich; Josef aus Rattensam raunzt herum; Kleinkramuri entfaltet sich; Brodel fängt wieder an; Haubel fällt in Ohnmacht; die Russ Marie dekoriert einen Teller Buchteln; Kliab Lenzei stillt seinen Hunger; Fabians Fons garantiert die Haltbarkeit; Fäuler Heini wandelt sich nicht; Koidl Franzi tut überrscht; der Wiener Hans

Maria verärgert den Wachbeamten; der Kobleiter Moritz gelangt zum Schanktisch; Goggen Robert schüttet sein Herz aus; Vinzenz' Binkerl fährt hoch; Zeni vergafft sich in die Kudrys Mimi; Zwei-Fingerbreitdrüber verrückt einen Schemel; Hengl Gust holt sich einen Prospekt; Tanasi aus Mattich paukt ein Sprichwort; Jojo die Schwarte räumt ein Lager aus; Sehr-Viel schwafelt; Papagockel zeichnet sich in der Ferne ab; Hagel Luis stellt sein Mofa ab; den Sieglhuber Bastel widert sein Gegenüber an; Tutters Josef die Tuttel bittet Dampf Korbinian zu sich; Petak enttäuscht die Vier Groschen Marie; Hans Hansegger wird grün; Edu röhrt; Ziagler Oisl hüpft; Kalbs Michel lästert; der Bodenberger Franzai zuzelt; Guuz wirkt verjüngt; Chinin Moidl verzichtet; Klapper verduftet; Marchstoa Fredl bauscht auf; Schurlis Sepp moniert; Kölbel Paul wagt sich zur *Eisgrotte*; Griffl Heini raspelt ein paar Erdäpfel; die Keks Daudl trödelt; Wenzel Kapores stürzt herbei; Fusel wirbelt; der Nepl Max schwenkt um; Marillen Oisl findet sich ein; Lulu aus Loig torkelt; Josines Hänsel entrüstet sich; Blitzbirn mogelt; der Pölzleitner Moritz mokiert sich; Elritze scheitert; Narrischhofer beugt sich; Just aus Kleßheim blickt versteinert; Franz Rikotta tauscht eine Feile um; Johann Sumpara verdrießt Hannes Türdl; der Krimmler Tistl zischt ab; die Schlott stöbert rum; Mausel gängelt den Leithner Türsteher; die Radau Della ruht sich aus; Madagassen Josef und Gatter Franzai erkennen schon von Weitem Peppi Kessel an der Sprechweise; der Bramböcker Schurdl sorgt für Unterhaltung; Zlang schweift ab; Ahler lallt und reckt das Ohr nach Fannys Johann und Tschidi-trü; Stipfel bekleckert seine Weste; Leon Hans Peter offenbart sich Tabernig, genannt Bürstenbeutel; Langwallner Loisl zittert vor Erregung; Grafs Hanna mäßigt sich; Fränzl Einaugert zermalmt seine Brotkrume; Obentaier Fonse prahlt; die Torren Marie schlittert; Grawai Gust beneidet den Kerndl Oskar; Vronis Fons wirft vernichtende Blicke auf Zederhauser und die Witwe Sinnißbichler; Stößel Steff rechtfertigt sich; Ferges pocht auf eine Sense aus Schweizer Stahl; Tschumpus begeistert sich; Spitzkehr Peppi tischt eine Flaschenabfüllung auf; Gschlaa schwört; Mamel nimmt den Anruf entgegen; Glaser Willibald atmet auf; der Manggeier Seebe mäkelt; Kiesel kotzt; Erlach Stopsel ereifert sich; die Aochant Felizia hustet; die Föhn Marie stöbert; Blasius vom Ried wird ein Rabatt gewährt; Ferdl Barter lädt; Klafter Hans passt seinen Schuldner ab; die Juttn Fifi verwischt eine Spur; Kürassier Seebi formuliert einen Einwand; Platschhütten Albert verbrüht sich; Laudis Markus verbessert seine Stellung; Geißinger Othmar erschreckt den Zinkenbacher Moritz; Gusts Albert verrenkt sich; Trinka, genannt Penggl, hätschelt seine Eselin; Hoin Hannes greift sich eine Ziege; Radl bricht haushoch den Rekord; Bomberg Heiner fasst die Lage zusammen; Lommers

Melanie grübelt; Prinz Nusserla schmirgelt ein Brett; Gayer Godi beachtet das Schild; Heini Maurer klebt ein Etikett auf; Tschusch ist beschäftigt; Drudenfuß kommt um vor Durst; Schnackl Blasius schäkert mit Schlaidas Fifine; der kleine Rogl saugt; Kinkaloschnigg tschilpt; dem Hans Maria sein Hans Luggi ramponiert sein Feuerzeug; Done Froner wickelt eine Sauciere aus; Eisendles Gust zeigt sich; Hansl Wiegand radiert die Eintragung aus; Arnes Peppi missfällt die Ausrüstung; Tisses Geni zankt; der Schwarze Felix belobigt seinen Mitspieler; Granat Ise schafft einen Präzedenzfall; Taler Peter begleicht die Ausgaben; Gebhards Kine rupft die Quaste ab; Bine ihr Lutz rennt die Böschung hinab, die zum Steg führt; Perchten Didi rafft alle Dartpfeile zusammen; der B'senn Seppei strabanzt; Tausend Männer Lois datiert auf »Donnerstag, den zweiten«; Barnis Kockel verschiebt die Größenverhältnisse; Lilo sträubt sich; Belo sucht das Weite; Poidls Peppi spitzt einen Bleistift; der Wallner Adrian rührt sich kaum; die Pfannflicker Philomene wickelt ihr Letztgeborenes; Bäckers Vroni ihre Sefa entkernt einen Apfel; der Piefke nimmt Sultan den Maulkorb ab; die Kratochwillerin konzentriert ihre Aufmerksamkeit; Klunker Pernilla wirft sich vor, ausgewichen zu sein; der Staubner Manfred bestreut den Boden; der Detringer Loisl zischelt feucht die *L*'s; Bollos Madi sammelt die Gesamtsumme ein; Jeremias vom Klammstein heckt einen Plan aus; Linzer Daniel entzückt die Aussicht; die Früchtl Olympia vergräbt einen Kern; Frettchen brüllt nach der Haglerin; sein Sauerkraut beglückt den Stuhler Urban; Onkel Molnar haut die Kunden an; zwei Schokoladenwaffeln entzücken Didi, den Belgier; dem Gus sein Peppi misshandelt die Ladeplatz Gabi; Buchberger Alex gefährdet die Verhandlung; Feuerzeug Fons preist die Vorsehung; Putschn Peter bündelt zwei Vorteile; der Dat Lenzei stampft; Beppos Armin enthält sich; der Admiraler Robert hat Muffensausen; Jojos Philipp stimuliert seine Schwägerin; Josas Fine willigt ein; die Bunse vespert schon; Anton Mild steigt übers Geländer; der Wiedwenger Bene grübelt angesichts der Motorgrubber; die Faistler Klementine und die Lenglachner Philomena erörtern den kommenden Abstieg zur Alm; die Lodergaier Franka erzählt den Witz noch mal; der Mooser Franzai probiert drei Paar Schnürstiefel; die Klingspitz Franziska hätte gern eine weitere Manschette für ihre Petroleumlampe; Magdalenas Franzai stopft seinen Tiroler Rucksack voll; Burgl Kiki betrachtet das Werkzeug; der Scherle ihr Franzai trennt zwei Kläffer; Mananas Fred liebäugelt mit einer Kurbelwelle; Bosniaken Josef stößt an mit Agathes Peter, Mooser Bernhard, Tutti und Faferl dem Bäcker; Leiten Bruno demütigt einen Dackel; Fo seine Settl meldet ein Ramasuri; Pimpels Fred gestattet anzufassen; Buland Josef erkühnt sich; Blattner Böni kurbelt eine Püreepresse; der Tiffi grölt; Groi

Angela steckt zurück; die Jenny verläuft sich; der Schweizer Urban krümmt sich; Kilians Josel gibt nicht nach; Miadsaok bückt sich; Lotsch Josi zählt Erbsen; Gigerl stützt sich auf seinen Spaten; Horn Peter und Stuhl Ferdl bilden ein Paar; Geni die Klette *rührt muggsn*; Hofalm Franz sein Adi verziert seinen Teller; Naimer Fred justiert sein Martingal; die Brüder Tüchtig gruppieren sich; die Butzen Sine korrigiert ihren Onkel; Dientner Xaver schluckt; Babas Toni quartiert sich im *Weißen Bären* ein; Kordasch Franzel entkorkt eine Korbflasche; der Blühnbachtaler Christian wärmt seine Mundharmonika; Feuerzeug Albert kraxelt den Hang hinauf; die Hütter Mitzi drängelt; Bieder Kranewitt taumelt; Ganter tauscht einen Köder aus; Eiseler votiert zwischen einem Schweizer und Manfred vom Gaswerk; Greisinger Steff verschenkt Gutscheine; Pressl Hermine plappert; Klaus erhofft den Sieg; Marios Oliver erklettert das Geländer; Ampflwang Anni ermutigt ihn; Steinplotten Hannes verquickt zwei Erkennungsmelodien; Hublina Norbert lädt seinen Neffen ein; der Plainfelder Peter murmelt; Bruno vom Erlberg trinkt Zollers Paul und den Sattler Pachloinig am Schanktisch lehnend unter denselben – und rühmt sich, nur seine Aquarellfarben mit Wasser zu verdünnen; Tim verschmäht eine Brandlbracke; Jakobs Xandi knuspert an einem Schweineohr; Dodo schnappt sich eine Steige; Andrasi Luis konsumiert; Stadler Jules Josel verliert die Geduld; Dachsbüheler Karl liest das Plakat; Notburga fährt Moritz und Marie spazieren; Olympia Rosel lauscht der Musik; der Erlberger Sepp schnüffelt; Melines Peppi sein Hans Maria hängt seine Lammfelljacke auf; Marios Sine springt ihrem Enkel bei; Veronikas Hannes begradigt eine Flaschenbürste; die Kardinals Lizzi massiert ihre Wade; Hansel Lengler beruhigt sich; Juterschnigs Fred schlenzt herum; Kafioi widerspricht dem Vertreter; der Schnoda Leo billigt den Handel; dem Fiuas vom Schloos sein Hannes glänzt; Peters Julie stingelt; Schantl zieht Nägel aus der Leiste; Anger Hermann kracht in die Tür; der Gscherter Gust verkrampft sich; Milan D'Jugo vollzieht eine Kehrtwende; Mena die Nachtigall macht weiter; Nocken Mimi ärgert sich; Sassa Seppel glättet Papier; Ahornbüchsen Sepp schöpft frische Luft; Fines Julius blecht; die Jakobi Fine bezichtigt den Verkäufer; Peter Elschek ergötzt sich; Hanselmanns Lulu beanstandet den Betrag; die Pesbichl Feli stiehlt sich weg; Memis Peter schöpft säuberlich den Schaum von einem Halben; Zenz sein Fred wankt; Morchel Reine nestelt sich am Bein; Bianka ihr Albert bereitet eine Melange; Pankratz und Emmel Gasparin zählen die Teilnehmer auf; Hans Füllenhals pustet auf; Madlen Kälbel ähnelt der Sina; Jep überzeugt den Apotheker Kessel; Peters Julia zähmt den wortkargen Moritz; Jojo drängelt sich vor Tante Nela; Beppos Leo verdrießt die Präsentation; Servazi Urban legt ein Kabel frei; Dati Xaver erklimmt zwei Stufen; der Schluckspecht endet; Bosna Fredl reizt einen Dackel; Koko Karobath türmt die Stiefel auf; Taschl Gust umreist das Problem; Laubner Ludwig argumentiert; Käserei Brosl beweist das Gegenteil; Einaug Fred hält dagegen; Kaicher Franzai amüsiert sich; Fara Gnuag überfliegt die Schranne; Manitu miaut; die Mitzi vom Zentrum schmiert Gabi Honig ums Maul; Natol tut kund: »Wolken winken, Weiber schminken, bald sie hin zur Erde sinken«; Jakob vom Grauen Julius missfällt dieses Sprichwort; Schladerer haushaltet; Kugel Viktor rundet auf; der kleine Budimayr verteidigt seinen Chef; Stopfen Leo stolpert über einen Backstein; Bleikogel Schurli verdüstert sich; Albrecht Magno wickelt das Publikum um den Finger; die Schäiche ist gekränkt; Hoin Plazido plumpst; Mui Ferdl überlädt seinen Bulli; die Pflurgn schwärmt; Ösen Hansel ergänzt zwei Nullen; der Dicke Franz verhärtet seinen Ton; Walther, sagt Schiachblum, gehorcht seiner Frau; Kurt nimmt die doppelte Menge Werg; Jutels Karoline reißt die Geduld; Vetters Luis, genannt Banzn, entstaubt eine Butte; Obergäu Veri hobelt; Saweners Omi zieht sich halb aus; der Rucklinger Hannes zerbröselt einen Keks; Buchegger Johanna hortet Zwiebeln; Grafen Paul vervierfacht den Einsatz; Weißel Gustav hängt seinen Brotsack hin; Schieber Marius schleicht herum; Trafikanten Hansel ordnet seine Schraubenzieher an; der Soder Maurus wiegt sich in den Hüften;

Dreizehner Hannes lässt eine Hummel frei; Kacka Paul manövriert; Schers Glauder verheddert sich; Anbandel Effi duzt Vronis Feli; Bächle Franzai siezt Roter Moritz; Buchenberger Gust stopft eine Leberwurst; Breffis Schurli würzt Kalbsbrät; Görgl Fred verkleinert die Portionen; Tentas Hänschen versieht sich mit einem Blasebalg; Gerstel Theodor und Lappel Gust drängeln sich am Schanktisch; Taggn Klemens bringt Silpeter Klemens mit; der Erlbacher Zenz reckt sich; der Preußen Natol verlautbart Offenkundiges; Manglberger Hans löst den Schlagbolzen; Drescher Paul schnuppert am Inhalt; der Nosn bemüht sich um eine Fuchsschwanzsäge; die Segler Kathi weitet die Augenlider; Meidlinger Gigi knackt das Rätsel; Kauzinger Didi ersteigert das dreiundachtzigteilige Service; Pitschenberg Peter tröpfelt; Sattel Mario kocht vor Hitze; Riegelkopf Sepp durchlöchert ein Stanitzel; der Pechbrocker Luis zuckt mit der Wimper; Untergrub Jeremias macht einen Rückzieher; Brockn Schurli nimmt Anstoß; dem Ringl Hannes sein Oigl zuckert die Erdbeeren; Koa Prowenka, so der Nominist, eröffnet das Gespräch; Nixon wird übel enden; Hohlweger Felix vertieft die Frage; Wenzel Franz legt einem Stier Fußfesseln an; dem Seppo sein Franz sperrt das Vorhängeschloss auf; Verhärnl Gust fantasiert; Pedots Kolo liegt unter dem Tisch; Nina ihr Heini säbelt Wurstradeln runter; Gustines Hertha debütiert; Delas Hans hält sich zurück; Risas Zenzi entfernt eine Ziffer; Franz Bub schmeißt mal eben die Kettensäge an; Mutls Anna grämt sich; Baschelberger Lukas zäumt einen Esel ab; Sepp Tiafs'toi hofft auf einen Schuppen; Wiggi prüft einen Kanister; der große Wagenlenker pichelt; die Sanfte betätigt sich aufs Beste; die Pfoin setzt die Tradition fort; die Hoia Sefi bewahrt ihre Würde; den Mergel Franz schert das nicht; Epfe Zyprian schwoft; Franz Josef klaut ein Bändchen; Daudis Paul staffelt; Daude ihr Tausl erlebt einen Angriff; dem Kili seine Oisl kriegt kaum den Schnabel auf; die Tine mobilisiert ihre Kräfte; der Stiefel knickt ein unter der Last; Moosaugen Sepp nervt seine Schwiegertochter; Schuasta Jojo gratuliert dem Trafikanten; Xandis Toni leimt seinen Fünfzig-Schilling-Schein wieder zusammen; die Rostige Bertha vernachlässigt ihren Schwiegervater; Sendra ihr Seff arrangiert einen Strauß; Möbl Gust kurbelt; der Labach Gabi zieht drei Möglichkeiten in Betracht; Kaspars Peter kräftigt sich; Kamillen Sepp verbrüdert sich; Frau Rossner setzt ihre Tasse ab; Tistls Sepp kneift; Frannes Robert schwächelt; Mesach Hannes hält einen Schock aus; die Wierer Sandra gibt Vorräte aus; Thiophil am Kogel verschnürt ein Lamm; Nitas Peter langweilt sich; Mark von der Gobbi *spuit Ziida*; Reinfriede ihr Jo schiebt einen Flenggen ins Rohr; der Kleine Scheffel durchforstet einen Katalog; Bürgermeisters Jolanthe arbeitet ein Rezept durch; Brodla bestellt drei Obstler; Achterl bleibt dem Weißen treu;

Straßenwärter Maxl storniert die Bestellung; Gips Seeb monologisiert; die Rastelbinder Marie klopft den Rand ab; Tamandls Hans Ferdinand kostet eine Kardinalschnitte; Jimmy Lugano gibt den Gewinner bekannt; die Gneedega Luise hasst das Gedränge; Veit seine Phisl erhascht eine Turteltaube; der Pauss Michel überflügelt Brinna und Aschl; Küsin aus Dorfwerfen addiert; Manulls Geni kann nicht mehr; der Kleine Balli jongliert; Drahra Joseph gewöhnt sich an den Krach; Grießen Franzai bohrt ein Loch; Bsuff Raymund löst den Mechanismus aus; Peter Barberi schockiert seine Schwiegermutter; die Mokka Marie überdenkt ihre Entscheidung; Kapuziner Reine nuanciert seine Äußerung; Kapuziner Paul erbebt vor Freude; Zulu sehnt sich; Watschen Loisl gehorcht; Bissgurn erstrahlt; Vater Kröstler besitzt die 7; Kobel Loni geht spazieren; Haane und Tami teilen sich die Zeit ein; Hänschen Mittersill verkürzt seine Hosenträger; Kinigl Steff setzt seinen Hut wieder auf; Winkl Virgil parkiert den Bieber Maplex; Sandkuchl Moritz schneidet den Mondseer an; Gugl stoppt die Zeit; Hilzensauer Roland demoliert die Pyramide; Negro pumpt Luft in einen Ball; die Ehler Franziska nagt Speck; Max gewinnt eine Puppe; Eisendraht vergisst Stalingrad; der Doktor Wieser frühstückt mit Syntax Didi; Effi Tagger gibt einen aus; die Gries Daude weigert sich zu folgen; Untersberg Jeremias macht kehrt; Pistl packt ein Päckchen; Waschhütten Mostler möchte Alleskleber; Marialmer Lulli angelt einen Fisch; Rodel Manfred nagelt; Jakobi, genannt Ballum, warnt seinen Schwager; Luis Schibichl erstattet dem Kandidaten sein Geld; Bundschuh Josef kitzelt Buderl Urban; Hutschn Oisl verfällt; Katteneder präsentiert ein Kalb mit zwei Köpfen; Julius Dösisdo ringt sich durch; Tromörter spricht zur Statue; Lilli Lebeda montiert den Verkaufsständer ab; Fannerls Lutz wünscht aufzubrechen; Johann Bimpf rutscht ab; Mitzi ihr Eduard vertreibt Mortadella; Noidls Paul schwätzt; der Felbener Ernst trenst das Fohlen ab; Padingers Serafine schält Eier; Veitls Josef rempelt; Pickers Fine sagt ja; dem Gus seine Gusta tröstet sich; die Summers Gustine wird knallrot; Gogls Andreas sprüht; Glan Donisl konfisziert eine Trillerpfeife; Koschba und Dane konspirieren; Schafler Fendel stört den Ablauf; die Zwölf hängt die Vier ab; Kikines Franzai spannt Nasello an; die Michaels stoßen auf eine Manesse Gebrauchtausgabe; Pofurz wacht über die Vorräte; Lolos Hiasl empfiehlt die Achterbahn; die Hoflaus zieht eine Patrone raus; Geht-scho' überbietet; die Unterstadl Mame lässt sich's wohl sein; Achterl bricht den Kipfel durch; Wampe schläft; Lois Mönicher zündet eine Zigarette an; Peppi von Watzlberg vespert; Kuhfladel schmeißt die Verpackung nicht weg; Hans-Moidls Jepp krempelt die Ärmel hoch; Gendarmen Lutz hat Schlagseite; Pocken Ida füttert einen Spatz; Meis Peppi schnürt seine Schuhbänder; Klein Luis zuckt zusammen; Gamaschel kommt an; Zonen Nannerl spürt die Raupen auf; Furier Karl sichtet die Bolzen; Berggassinger Emmel probiert Krümmungen bei Romans; Schelko stößt ins Horn; Spadai zitiert die Formel »Heim ins Reich«; Reitsam Franzai dosiert ein Radler; Schwielen Schurli lehnt einen Vorschlag ab; die Juju trällert; Dusel Sepp stellt sich unter; Birn Josef geleitet seinen Paten; Ramsch Didi packt seine Suppenschüsseln wieder ein; Karfiol setzt sich in Marsch; Birkner Severin fällt um; Kniesek kreuzt wieder auf; Bist-eh bespritzt Zacken Leo; Babu bemerkt eine Wolke; Wuzi giggelt; Mumi behilft sich; Bazl Felix zweifelt an allem; Hinterglemm Koberer leert einen Krug; die Berggassinger Ottilie misst einen Rock aus; die Schweizer Marie schneuzt sich; Schibbichl Theo wacht auf; Mick ändert den Sitz seiner Kappe; Rupert zur Hoin hin reibt sich den Nacken; Ladeplatz Hannes knotet sich den Schuh zu; Hunds Nikanor witzelt; Bocker Didi holt noch mal Luft; Gugl dreht nicht Däumchen; die Föhnkogler Viktoria schwenkt drei italienische Puppen; Peppi Degeneve redet eine Gans an; Loisl Gollackner wartet vor dem Fidelen Affen; Fonse Wuid reitet auf einer Sau; Mildred Waach bremst das Karussell; Schnoipazl Grisch hält den Schaft; Veits Luis lockert den Griff; die Zimbeln des hölzernen Männleins der Bruder-Orgel erschallen; Hager Dolfi erwischt eine Häsin; der Gemeinderat Koppler vervollkommnet den Sitz seiner Krawatte; Franis Xaver zwängt sich in seine Badehose; die Bazl Mitzi stapelt zwölf Untertassen; eine Ente verendet; Mettler Junior realisiert, dass er da ist; Mimi vom Waldstadel denkt an den Winter; Dodels Zore erstarrt; Fliegen Kiki diskutiert; Brunner Sepp biegt ab; Felix von unter Höhenwald feilscht um einen Hammer; Henriette lächelt; Baronin bechert; Ragginger Quint beißt sich fest; Burgwart von Radeck entfernt sich; Pattinger Karoline sucht den Schatten; Sepp Tamandl wählt einen Korb aus; Grindel Felix entfällt ein Name; Tüpfel Peter erstattet zwöf Schilling; Zweimal-Kiesel taucht auf den letzten Drücker auf; Franzai der Baumhackl mustert die Schladminger Tauern; Hagel Hans kauft einen Hobel, während der winzige Soldat mit dem riesigen Kopf ein Lied von Peter Alexander mimt und Peterles Glücksrad stehen bleibt auf der 8

Anmerkungen des Übersetzers

1 Die Pariser Uraufführung im September 2017 am La Colline Théâtre National spielte der Schauspieler Dominique Pinon. Hier ließe sich also – ebenso in leicht abgewandelter Schreibweise – der Name des Schauspielers der deutschsprachigen Aufführung oder Lesung einsetzen.

2 Auch hier den Namen des Schauspielers, Vorlesers oder Lesers einsetzen.

3 Die das Buch abschließende Namenslitanei tauchte erstmals 1995 als Szene XII in *La Chair de l'homme* (Das Fleisch des Menschen) auf, einem über fünfhundertseitigen Roman théâtral. Sie wuchs weiter und erschien schließlich 2009 als eigenes Buch unter dem Titel *La Loterie Pierrot* (Peterles Glücksrad) im Verlag Editions Héros-Limite (Genf). Die ihm zugrunde liegende Recherche des Autors dauerte von 1992 bis 2009 und wurde auch danach noch fortgesetzt. Seit über fünfhundert Jahren findet an jedem ersten Donnerstag im September auf einem Hügel über der Stadt Thonon der große Viehmarkt »Foire de Crête« statt, zu dem die Menschen vom Ufer des Genfer Sees hinauf- oder aus den Bergen hinabsteigen, um zu handeln, zu trinken, zu essen, zu tanzen, zu kaufen und zu spielen. Alle 1560 Figuren dieser Szene sind real, bis auf fünf. In der Region Savoyen ist es wie auch in anderen Alpenregionen üblich, Menschen nicht bei ihrem bürgerlichen Namen, sondern bei einem Spitznamen zu rufen. Nachdem der Autor all jene, die ihm bekannt waren, notiert hatte, sammelte er über Freunde weitere aus den drei sich vereinigenden Flusstälern der Dranse, mehrere tausend Namen, Rufnamen und Spitznamen, erworbene oder geerbte, berühmte oder fast vergessene. Jedem wurde – gemäß dem, was man über ihn wusste – eine zu ihm passende Handlung zugeordnet, dabei galt die Regel, dass jede Tätigkeit einzigartig sei und kein Verb ein zweites Mal verwendet werden durfte. Da viele

Namen, aber auch manche der Tätigkeiten aus dem savoyischen Dialekt stammen, galt es bei der Übersetzung nicht nur die savoyischen Begriffe zu entschlüsseln, sondern auch eine Entsprechung im deutschen Sprachraum zu finden. Der Übersetzer entschied sich für das Pinzgauerische, das ebenfalls in einer Grenzregion, nämlich in den Salzburger Alpen gesprochen wird und vergleichbare sprachliche Phänomene gegenüber dem Hochdeutschen aufweist wie das Savoyische gegenüber dem Französischen. Diese zeitintensive Recherche wurde mit Mitteln des deutschen Übersetzerfonds gefördert. Der Autor versichert, dass die vorliegende Version nun die abschließende sei.

Zur Identifizierung von Ortsnamen im Originaltext verwendete Seiten:

— »Noms de lieux de Suisse Romande, Savoie et environs« von Henry Suter, 2000–2009 (http://henrysuter.ch/glossaires/toponymes.html)

Zur Übersetzung der dialektalen Wörter aus dem »Savoyard« und »Chablaisien« verwendete Seiten:

— »Dictionnaire Français – Savoyard (Comportant plusieurs variantes de la langue savoyarde)« von Roger Viret, 7. erweiterte Ausgabe von 2019 (www.Dictionnaire_Viret_Francais_Savoyard.pdf)
— »Monographie du Patois Savoyard« von M. Fenouillet, 1902 (https://archive.org/stream/MonographieDuPatoisSavoyard/Monographie_du_patois_savoyard_djvu.txt)
— »Dictionnaire du patois savoyard, tel qu'il est parlé dans le canton d'Albertville« von F. Brachet, 1883 (https://gallica.bnf.fr/ark:/12148/bpt6k5818926l/texteBrut)
— »Termes regionaux de Suisse Romande et de Savoie« von Henry Suter, 2000–2009 (http://henrysuter.ch/glossaires/patois.html)

Für die Übertragung der dialektalen Wörter ins Österreichische, und insbesondere ins Pinzgauerische (Region im Bundesland Salzburg) zu Rate gezogene Seiten:

— Österreichisches Wörterbuch (www.oesterreichisch.net)
— Dialektwörterbuch Salzburger Land: Pinzgauerisch (www.pinzgauer-mundart.at/lexikon)

Für die Übertragung der Namen von Personen, Orten, Seen, Bergen und Passstraßen:

— salzburgwiki (www.sn.at/wiki/Hauptseite)
— Telefonbuch für Österreich (www.herold.at/telefonbuch/)
— Berge der Region Salzburger Land: www.deine-berge.de
— Verschiedene Seiten zu Almen und Almhütten im Salzburger Land

Der Übersetzer dankt Liese Lyon, Ulrike Proux und Christian Hollhaus für Beratung im Österreichischen.

Valère Novarina wurde 1942 bei Genf geboren und wuchs in Frankreich auf. Er lebt als Schriftsteller und Maler in Paris und der Savoie. Dante, Rabelais, Artaud, die Schriften des Art brut, Augustinus und Rumi, aber auch das Jahrmarkttheater seiner Heimat Savoyen sind seine geistigen Quellen. 1972 wurde sein erstes Stück *L'Atelier volant* uraufgeführt. Seit 1986 inszeniert Novarina fast all seine Uraufführungen selbst, meistens beim Festival d'Avignon. 2006 wurde er zu Lebzeiten ins offizielle Repertoire der Comédie Française aufgenommen. Seine Stücke und Reflexionen wurden in neunzehn Sprachen übersetzt.

Als gestische Erweiterung des Schreibens begann Valère Novarina ab 1980 zu zeichnen und zu malen. Es folgten zahlreiche Ausstellungen. In ganztägigen Performances zeichnete er zum Beispiel die 2587 Figuren seines Stückes *Le Drame de la vie*. Die Abbildungen in diesem Buch entstammen dieser Serie von Zeichnungen.

Leopold von Verschuer, geboren 1961 und aufgewachsen in Brüssel, bewegt sich als Schauspieler, Übersetzer und Regisseur zwischen Theater, Literatur und Radiokunst. Seit 1994 verbindet ihn eine besondere Zusammenarbeit mit dem Autor Valère Novarina. Er übersetzte, spielte und/oder inszenierte ihn u. a. in Köln, Paris, Avignon, Wien, Graz, Lissabon, Düsseldorf, Mülheim, Zürich, Genf, Lausanne, München und Berlin. 2001 erhielt er dafür den *Bremer Übersetzerpreis* und 2014 den Publikumspreis des Festival Primeurs Saarbrücken.

Der Mensch außer sich erscheint als Buch der Friedenauer Presse. Gegründet wurde die Friedenauer Presse 1963 in der Wolff's Bücherei im Berliner Stadtteil Friedenau, dem sie ihren Namen verdankt. Der Verleger Andreas Wolff, Enkel des Petersburger Verlegers M. O. Wolff, veröffentlichte bis 1971 in loser Folge 36 Drucke. Von 1983 bis 2017 wurde der Verlag von Katharina Wagenbach-Wolff geführt, seit 2020 ist die Friedenauer Presse ein Imprint des Verlags Matthes & Seitz Berlin.

Die Übersetzung wurde gefördert aus Mitteln des deutschen Übersetzerfonds.

FRIEDENAUER PRESSE
Wolffs Broschur

Erste Auflage dieser Ausgabe Berlin 2022

© 2022 MSB Matthes & Seitz Berlin Verlagsgesellschaft mbH, Göhrener Straße 7, 10437 Berlin

info@matthes-seitz-berlin.de

Copyright der Originalausgabe *L'Homme hors de lui*
© P.O.L éditeur, 2018

Alle Rechte vorbehalten.

Gestaltet und gesetzt von ciconia ciconia, Berlin.
Die Herstellung besorgte Hermann Zanier, Berlin.
Gedruckt und gebunden von Art-Druk, Szczecin.

ISBN 978-3-7518-0634-3

www.friedenauer-presse.de

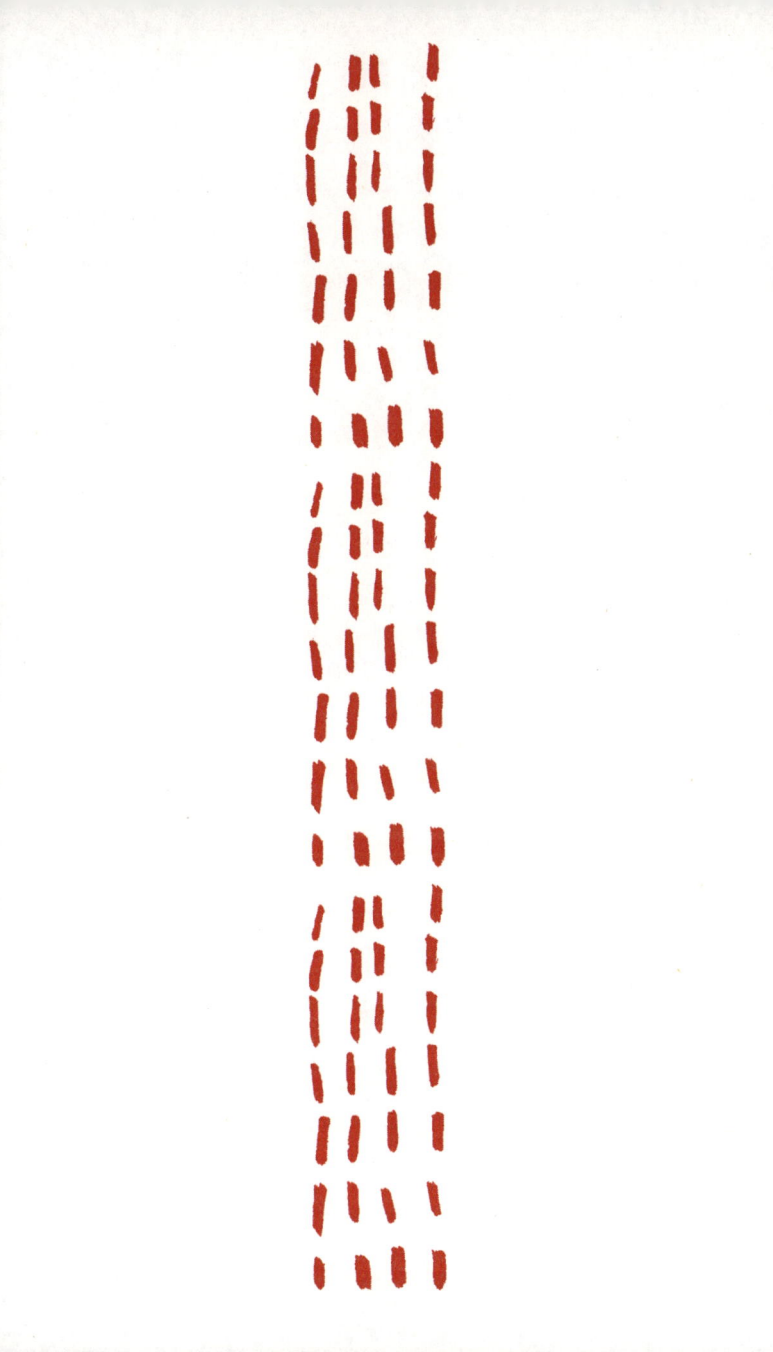